Heinrich Ilgenstein
Mörike und Goethe

SEVERUS Verlag

Ilgenstein, Heinrich: Mörike und Goethe. Parallelen im literarischen Schaffen. 2019
Neuauflage der Ausgabe von 1902
ISBN: 978-3-96345-134-8

Korrektorat: Carmen Oberlechner
Satz: Carmen Oberlechner

Umschlaggestaltung: Annelie Lamers, SEVERUS Verlag
Umschlagmotiv: www.pixabay.com

Bibliografische Information der Deutschen Nationalbibliothek: Die Deutsche Nationalbibliothek verzeichnet diese Publikation in der Deutschen Nationalbibliografie; detaillierte bibliografische Daten sind im Internet über https://dnb.de abrufbar.

Der SEVERUS Verlag ist ein Imprint der Bedey & Thoms Media GmbH, Hermannstal 119k, 22119 Hamburg

SEVERUS Verlag, 2019
http://www.severus-verlag.de
Gedruckt in Deutschland

Heinrich Ilgenstein

Mörike und Goethe
Parallelen im literarischen Schaffen

Inhalt

Einleitung

Liest man in den einschlägigen literarhistorischen Werken die oft sehr karg bemessenen Stellen über den Schwaben Eduard Mörike nach, so wird fast überall in kurzer, aber beinahe übereinstimmender Weise auf eine Verwandtschaft dieses Dichters mit Goethe hingewiesen. – Ich verweise in dieser Hinsicht besonders auf Baechtolds trefflichen Aufsatz in der Allgemeinen Deutschen Biographie, auf Hermann Fischers Lebensbild des Dichters,[1] auf die literarisch-ästhetische Untersuchung von Ambros. Mayr,[2] auf die kürzlich erschienenen Literaturwerke von Rudolf Krauß[3] und Theobald Ziegler.[4] Nur Heinrich Kurz[5] widerspricht in seinem bekannten Literaturwerk der erwähnten Verwandtschaft. – Das Urteil von Kurz leidet jedoch in Form und Inhalt an zu klar hervortretender Verständnislosigkeit für Mörike, als dass überhaupt der Versuch einer Widerlegung angebracht wäre. – Jeder, der sich einmal dem Genusse Mörikischer Lyrik und Erzählungskunst hingegeben und neben dem Inhalt besonders auch auf die Form geachtet hat, wird

---

1 Vgl. Hermann Fischer, Eduard Mörike. Stuttgart 1881. Th. Knapp.

2 Vgl. Eduard Mörike, eine literarisch-ästhetische Untersuchung von Prof. A. Mayr.

3 Vgl. R. Krauß, Schwäb. Literaturgeschichte II, 109.

4 Vgl. Die geistigen und sozialen Strömungen des 19. Jahrhunderts von Theobald Ziegler. Berlin 1899. S. 172.

5 Heinrich Kurz. Geschichte der deutschen Literatur v. 1830 bis auf die Gegenwart. Leipzig 1872. S. 158a.

nicht zögern, die von B a e c h t o l d und den andern Literarhistorikern[6] betonte Verwandtschaft zuzugeben, aber
vielen dürfte es etwas gesucht erscheinen, dieser i n n e r n
Z u g e h ö r i g k e i t   z u   G o e t h e eine eigene Abhandlung
zu widmen. – Sie dürften sagen, dass dazu das Verhältnis
zu Goethe zu subtiler Natur, zu wenig greifbar, zu sehr
Empfindungssache sei. – Es geht einem wie bei der Musik.
Man hört eine Melodie von einem bisher uns ganz unbekannten Komponisten, man wird ergriffen, man glaubt,
etwas ganz Neues zu hören, da werden wir plötzlich mitten
im Kunstgenuss an einen andern Tondichter erinnert, dessen Lied früher einmal – wir wissen kaum, wann und wo –
unserm Empfinden ganz ähnliche Gestalt gegeben: Wir
werden zu uns sagen, dass die beiden Komponisten – auch
wenn einer von ihnen viel bedeutender ist – verwandt
sind, weil sie bei uns verwandte Empfindungen erwecken,
ohne dass wir sofort bestimmen können, worin die Verwandtschaft besteht. –

So ist es bei G o e t h e   u n d   M ö r i k e . – Und weil dem
so ist, wird die Verwandtschaft von umso größerer künstlerischer Bedeutung sein. – Es handelt sich hier nicht um
eine jener literarischen Zusammengehörigkeiten zwischen
zwei Dichtern, wie sie unsere Literaturgeschichte so vielfach aufweist, und die – meist mehr äußerlicher Natur – in
der gegenseitigen Beeinflussung auf der Wahl der Motive
beruht. Die vielfachen und zum Teil ü b e r r a s c h e n d e n
B e z i e h u n g e n   M ö r i k e s   z u   G o e t h e sind meist ganz
i n n e r l i c h e r   N a t u r . Man muss die beiden Dichter bis
in ihre geheimsten Gedankengänge verfolgen, sich ganz in

---

6   In der erst nach Abschluss dieser Arbeit erschienenen Mörike-Biographie
     von Harry Maync (Stuttgart 1902. Cotta) ist wiederholt und treffend auf
     die Verwandtschaft Mörikes mit Goethe hingewiesen, soweit es der Rah-
     men einer biographischen Arbeit zuließ.

4

ihre Anschauungsweise versetzen und was die Formschaffung anbetrifft, sie womöglich bei der Arbeit belauschen. Wir werden finden, dass gerade das Tiefste und Innerlichste bei beiden gleichsam auf demselben Boden steht und wie dies Innere bei ihnen in manchem ganz ähnliche Gestalt annimmt. –

Mörike holt sich keine Motive von Goethe, ja, es sind eigentlich nur wenig direkte Anklänge an den großen Weimaraner vorhanden. – Aber Mörike sieht, wenn er auch nicht so weit sieht, doch mit Goethes Augen; er erschaut und erfasst die Welt gleichsam von demselben Höhepunkte: Wir haben die künstlerische Verwandtschaft *par excellence*.

I.

Die Lebensauffassung eines Dichters erkennt man nur zum kleinen Teile an den Aussprüchen, in denen er dieselbe uns sozusagen zur Verfügung stellte. Große Dichter pflegen mit ihnen sparsam zu sein und dann haftet solch unmittelbaren Bekenntnissen meist eine offizielle Färbung an, der gegenüber Vorsicht am Platze ist. Man hält sich besser vor allem an des Dichters Werke. Aus ihnen kann man seine Anschauungsweise besser herauslesen, da der Dichtende sich hier im Verkehr mit seiner eigenen Person nicht die Zurückhaltung auflegen wird, von der auch der Aufrichtigste nach außen hin nicht gerne lässt. – Wir werden also, um uns ein Bild von Mörikes Lebensauffassung zu machen, uns gleich mit seinen Dichtungen beschäftigen müssen. Auch das Äußerliche, Stilistische zum Teil gleich heranzuziehen , erscheint angebracht, so sehr gerade Mörikes Stil eines besondern Kapitels würdig wäre. – Das Äußere ist zur richtigen Erkenntnis des Innern unentbehrlich – sei es als eine Art Bestätigung, sei es als Ergänzung unserer Schlüsse. –

Unter Mörikes Gedichten finden wir folgendes „Gebet" (1832):

„Herr! Schicke, was du willst,
Ein Liebes oder Leides;
Ich bin vergnügt, dass beides
Aus deinen Händen quillt.
Wollest mit Freuden

Und wollest mit Leiden
Mich nicht überschütten!
Doch in der Mitten
Liegt holdes Bescheiden."

Dies Gedicht ist der Schlüssel zu Mörikes ganzer Anschauungsweise. Hier bekennt er sich offen zu seinem Stil, das, was Goethe innern Stil nannte, mit einbegriffen. – Dies „Gebet" ist vielleicht der wichtigste Ausspruch zu einer gerechten Bewertung Mörikes. – Sehen wir, was wir alles aus ihm zu entnehmen haben. –

Um was bittet hier der Dichter und wie bittet er? – Er bittet um maßvolles Glück und er bittet mit Maß. Fern von aller Überschwänglichkeit in seinem Anspruch auf Glück weiß er, dass Freude ohne Leid uns auf die Dauer nicht beschieden ist. – Ja, diese Mischung erscheint ihm lieb und erstrebenswert. – So kommt er zu einer Art Mittelzustand, in dem ihm Freude und Leid, sofern sie mit Maß auftreten, gleich liebenswerte Erscheinungen des Menschenlebens sind. Er hat zu den beiden Hauptelementen des Lebens – das ist von vornherein klar – ein bestimmtes Verhältnis gefunden. Man kann diese Stellungnahme am besten als Mittelzustand bezeichnen, da sie zwischen zwei weit verbreiteten Lebensanschauungen genau in der Mitte zu liegen scheint. Überblicken wir vorerst kurz diese Anschauungen, um dann das in der Mitte Liegende aus seinen Maßverhältnissen zu der bekannteren Umgebung richtig zu bewerten. –

Vom Leben wird immer mehr erwartet, als es gibt. Es ist für jeden eine Enttäuschung. Mörikes Stellungnahme zum Leben ist also wie jede andere ein Kompromiss. Es kommt nur darauf an, welcher Art derselbe ist: In einem der meist aufgeführten Dramen der modernen Literatur finden wir folgende Stelle:· „In jedes Menschen Leben kommt einmal der Augenblick, wo er sich die Scherben seines Lebens zusammensucht, um sich daraus ein Neues zu kitten." Der Ausspruch ist, wie viele seiner Art, nur auf den ersten Blick ganz zutreffend. – Man lese aber nur statt „in jedes Menschen Leben" in der „meisten Menschen Leben", und man hat das, was hier einmal das Resultat der verbreitetsten Lebensauffassung genannt sein möge. –

Welcher Art sind nun die Menschen, die so eines Tages die Scherben ihres Lebens in der Hand halten? – Es ist die große Masse derjenigen, die durch des Lebens Pforte mit zu großen Erwartungen ziehen und die nicht zur Zeit dazu kommen, diese Erwartungen der Wirklichkeit anzupassen. In diesem „nicht zur Zeit" und in der Weise, wie sie schließlich dazu kommen, zu der Wirklichkeit ein erträgliches Verhältnis zu finden, liegt das Wesentliche. Sie kommen zu diesem Verhältnis spät und nur in einem Augenblick bitterster Ernüchterung, oder, um im Bilde zu bleiben, erst wenn sie die Scherben vor sich liegen sehen, steigt die Erkenntnis ihrer Zerbrechlichkeit auf. – Aber diese Erkenntnis hat einen herben Beigeschmack, sie ist nicht errungen, sie ist aufgezwungen, sie bedeutet einen Verzicht, nicht ein Bescheiden. Ein so zusammengekittetes Leben wird mit mehr Ruhe, aber mit einem bittern Lächeln der Entsagung geführt, es ist das Leben der Enterbten, die sich vorher nicht genug in ihm tummeln, die den Becher seines Glückes nicht voll genug bekommen konnten, die – meist temperamentvolle, oft geniale Naturen – das Leben verkannten.

Auf einer ganz entgegengesetzten Seite steht eine andere, nicht kleine Klasse von Menschen, die ich, um kurz zu sein, die Zuschauer des Lebens nennen möchte, weil sie sich dem Leben gegenüber genauso wie der Zuschauer zur Bühne verhalten. Wenn man mit diesen Menschen im Leben intimer in Berührung kommt und sie einmal einen Blick hineintun lässt, wie man mit seinen Leidenschaften zu ringen hat und hier und da mit dem Leben nicht recht fertig wird, hören sie mit einem überlegenen, oder besser verständnislosen Lächeln zu, denn i h n e n würde so etwas n i e passieren. Sie verstehen nicht, wie man „mitmachen" kann. – Veranlasst bei der vorher beschriebenen Menschenklasse eine übermäßige Subjektivität eine falsche Stellungnahme zum Leben, so hindert diese eine ausgesprochene Objektivität an der Lust, mitten im Leben zu stehen. – Die Menschen dieser Art – meist kontemplative, oft temperamentlose Naturen, – g e h e n d e m   G l ü c k,   d a s   d i e   a n d e r n   e r j a g e n,   a u s   e i n e r S c h e u   v o r   E n t t ä u s c h u n g   a u s   d e m   W e g e. – Es ist auch ein Verzicht, aber ein f r e i w i l l i g e r,   o h n e   d i e B i t t e r k e i t   d e r   E r n ü c h t e r u n g.

Sucht man in der Literaturgeschichte nach Vertretern dieser beiden Menschenklassen, so will mir als ein hervorragendes Beispiel der ersten Art der unglückliche C h r i s - t i a n   G ü n t h e r, als ein charakteristischer Vertreter der zweiten kein Geringerer als E r a s m u s   v o n   R o t t e r - d a m erscheinen. – G ü n t h e r kannte keine Mäßigung. „Er wusste sich nicht zu zähmen und so verrann ihm sein Leben wie sein Dichten", so sagt G o e t h e. Der ruhige und alles Leidenschaftliche ablehnende E r a s m u s zeigt in seinem Verhalten dem ihm geistig so nahe verwandten L u t h e r gegenüber deutlich, wie vorsichtig er darauf bedacht ist, sich nicht in die Händel dieser Welt ziehen zu lassen. – Er bleibt d e r   Z u s c h a u e r, während der Reformator handelt. – Wie viele Menschen der zuletzt beschriebenen Art, setzt er wohl für seine Ideen sein Wissen, aber nie seine Persönlichkeit ein. – Stilistisch hat die erste Art

Menschen in den besten Werken des Sturmes und Dranges ihre schönste künstlerische Verkörperung gefunden. – Die zweite Art hat in vielen Gestalten der H e b b e l s c h e n D r a m e n einen stilistischen Ausdruck gefunden, d e r H e b b e l zu einer der eigenartigsten Erscheinungen der modernen Literaturgeschichte machte. – Man denke sich die besten Vertreter dieser objektiven, betrachtenden Menschenklasse unvermittelt in große Situationen gestellt und man hat die Helden H e b b e l s. Denn man wird den H e b b e l s c h e n G e s t a l t e n gegenüber das Gefühl nicht los, dass sie vielfach sich selbst in dritter Person gegenüberstehen. Selbst in Momenten der Leidenschaft streifen sie diese Neigung zu objektiver Betrachtung nicht ganz ab: Sie sprechen nicht direkt aus der Situation heraus, sondern mehr ü b e r dieselbe.

Wir sehen nun schon allein aus dem angeführten „G e b e t", wie M ö r i k e zwischen den beiden beschriebenen Lebensauffassungen in der Mitte steht. Er hat von der einen das S u b j e k t i v e und von der andern das O b j e k t i v e, n u r b e i d e s m i t M a ß. – Er verzichtet weder wie die einen von vornherein, noch wie die andern später aus Erfahrung. – E r t r i t t d e m L e b e n m i t Z u r ü c k h a l t u n g g e g e n ü b e r u n d g e n i e ß t e s, o h n e s i c h i n i h m z u v e r l i e r e n. – Wo bei den andern Bitterkeit aufsteigt, spürt man bei ihm wohl eine leise Wehmut. Er hat zu Freud und Leid ein h a r m o n i s c h e s Verhältnis gefunden. „In der Mitten liegt holdes Bescheiden." Wie sehr dieser „M i t t e l z u s t a n d" auch in dem Gemütsleben Mörikes vorherrschend war, dafür spricht folgende Stelle in einem seiner Briefe aus der Studentenzeit an W a i b l i n g e r[7]: „O lieber Wilhelm, wenn du jetzt hier bei mir auf dem Sofa

---

7   Vgl. H e r m a n n   F i s c h e r, Beiträge zur Literaturgeschichte Schwabens I, S. 169.

meines Gartenhäuschen säßest und sähest die freundliche Dämmerung drin – die leeren Stühle so etwas geistermäßig umherstehen und den Regen draußen hart neben uns – überall Wehmut! Dann, denke ich, müßte es dir auch so sein wie mir, nämlich bald weinerlich, bald lustig."

Auch bei der Beurteilung und Einschätzung von Personen zeigt sich schon früh bei Mörike eine Färbung, die dem Mittelzustand entsprechend zwischen übermäßigem Enthusiasmus und zu großer Kälte die Mitte zu halten scheint.[8] „Ich mußte den Sand", so schreibt er aus Urach an Waiblinger, „von jeher wegen seiner echten, guten Gesinnung lieben, ich gesteh' aber, daß so manch' eisenfressiger Studiosus mit seinem kindischen Geschrei oder vermeintlichem Enthusiasmus, wie er sich besonders in Stunden des Weins bei manchem Lümmel, der nicht weiß, was er will, in Lobeserhebungen Sands zu äußern pflegt, – mir das Gute und Wahre, das ich an dergleichen Dingen fand, verkümmerte, so daß mir nicht selten ein eigener Widerwille aufsteigt, wenn ich von Sand rühmlich sprechen höre."

Die aus dieser Stelle sprechende warme Liebe zu einer Erscheinung wie Sand ist für Mörike durchaus bezeichnend. Er ist innerlich von dem „Zuschauer des Lebens" doch weiter entfernt, als es nach seinem äußern Lebensgang scheinen könnte. – Der kleine Lebenskreis Mörikes wird zum größeren Teil als ein Produkt seiner misslichen Vermögenslage und gewisser Verhältnisse seines engeren Vaterlandes anzusehen sein. Wenn Mörike denen, die eine Verherrlichung der deutschen Siege von 1870/71 von ihm erwarteten, erwiderte[9]:

„Bei euren Taten, euren Siegen
Wortlos, beschämt hat mein Gesang geschwiegen,

---

8   a. a. O. I, 164.

9   Abgedruckt bei: Karl Fischer, E. Mörikes Leben und Werke. S. 218.

Und manche, die mich darum schalten,
Hätten auch besser den Mund gehalten",

zeigt er deutlich, wie sehr die reale Tat ihren richtigen Wert
für ihn hatte. –

Es ist also zutreffend, wenn es in einer Darstellung
des Dichters heißt,[10] dass die ruhige Linie seines Lebens
sich nicht daraus erklärt, dass er mit kühler Vornehmheit
oberhalb der Welt gethront hätte, wie etwa Wilhelm von
Humbold.

Ich habe bei der L e b e n s a u f f a s s u n g Mörikes so
lange verweilt, weil von ihr aus sich auch der K ü n s t l e r
Mörike am besten verstehen lässt. – Was folgt nun aus dem
Mörikischen Mittelzustand alles für sein künstlerisches
Schaffen? – Ein so gearteter Mensch wird auch als Dichter
seinen Sinn für das M a ß v o l l e nicht verleugnen. – A n d -
r e r s e i t s w i r d m a n b e i i h m , d e r z u m L e b e n e i n
e r t r ä g l i c h e s V e r h ä l t n i s g e f u n d e n , e i n e w a r m e
L i e b e z u r W i r k l i c h k e i t w a h r n e h m e n . E r w i r d
I d e a l i s t s e i n , d a e r a u s s e i n e r Z u r ü c k h a l t u n g
h e r a u s d a s L e b e n n i e g a n z k e n n e n l e r n t , e r
w i r d e s r e a l i s t i s c h z e i c h n e n , d a i h m s c h o n
s e i n S i n n f ü r d a s M a ß v o l l e a u c h d a s s c h e i n b a r
U n b e d e u t e n d e n i c h t e n t g e h e n l a s s e n w i r d . –
S o i n s e i n e m S t i l z w i s c h e n R e a l i s m u s u n d I d e -
a l i s m u s s t e h e n d v e r h a r r t M ö r i k e i n d e m , w a s
i n e i n e m L e b e n s b i l d d e s D i c h t e r s t r e f f e n d
„ d i e m i t t l e r e S p h ä r e d e r u n m i t t e l b a r e n p o e t i -
s c h e n E m p f i n d u n g " g e n a n n t w i r d .[11]

Diese „mittlere Sphäre" ist bei dem Dichter die Wieder-
spiegelung dessen, was uns bei dem Menschen als Mittel-

---

10 Vgl. R i c h a r d M . M e y e r , Die deutsche Literatur des Neunzehnten
    Jahrhunderts. S. 199ff.

11 H e r m a n n F i s c h e r , E. Mörike. S. 30. Stuttgart 1881.

zustand erschienen ist. – Keiner aber gehört diesem Mittelzustand außer Mörike so an wie Goethe.

„Mäßigkeit und klarer Himmel sind Apollo und die Musen" lesen wir in Goethes „Maximen und Reflexionen"[12] und in dem bekannten Sonette: „Natur und Kunst"[13]:

„So ist's mit aller Bildung auch beschaffen,
Vergebens werden ungebundene Geister
Nach der Vollendung reiner Höhe streben.
Wer Großes will, muß sich zusammenraffen:
In der Beschränkung zeigt sich erst der Meister
Und das Gesetz nur kann uns Freiheit geben."

Und wenn Tasso zu Antonio sagt:

„Und weihe mich den Raschen, Unerfahrenen
Zum mäßigen Gebrauch des Lebens ein",

wird um dasselbe Gut gebeten, das Mörike in seinem „Gebet" empfiehlt.

Goethe sagt im Jahre 1827 zu Eckermann in einem Gespräche über Schiller:[14]

„Es ist mit der Freiheit ein wunderlich Ding, und jeder
hat leicht genug, wenn er sich nur zu begnügen
weiß. – Und was hilft mir ein Überfluß von Freiheit,
den wir nicht gebrauchen können! Sehen Sie dieses Zim-
mer und diese angrenzende Kammer, in der Sie durch
die offene Tür mein Bette sehen, beide sind nicht groß,

---

12   v. XII. S. 722.

13   v. I. S. 222.

14   Gespräche mit Goethe in den letzten Jahren seines Lebens von Joh. Peter Eckermann. Erster Bd. S. 149. herg. v. A. v. d. Linden. Barsdorf. Leipzig. 1876.

sie sind ohne dies durch vielerlei Bedarf, Bücher, Ma-
nuskripte und Kunstsachen eingeengt, aber sie sind mir
genug, ich lebe den ganzen Winter darin. – Was habe
ich nun von meinem geräumigen Hause gehabt und von
der Freiheit, von einem Zimmer ins andere zu gehen, da
ich nicht das Bedürfnis hatte, sie zu benutzen ... Und
dann sind wir alle nur frei unter gewissen
Bedingungen ... "

Also jeder hat es leicht genug, wenn er sich nur zu begnügen
weiß.[15] Es spricht hier der alte Goethe, aber der junge Goethe ist in seiner Art nicht anders gewesen. – Denn wenn je
einem jungen Manne des Lebens Vorzimmer, in denen er
alle Freuden bis zur Trunkenheit hätte auskosten können,
offen standen, so war es der junge Goethe, der, wo er auch
hinkam, sofort zum glänzenden Mittelpunkt seiner Umgebung wurde, dem Liebe und Freundschaft fast ohne sein
Zutun überreich in den Schoß fielen. – Ganz anders noch
wäre die Idylle von Sesenheim ausgeklungen, wenn Goethe ein anderer gewesen wäre. – Und mehrere Menschen,
Goethe mit eingeschlossen, wären unglücklich geworden,
wenn Goethe im Verlaufe seiner Geschichte mit Frau von
Stein nicht verstanden hätte, sich zu b e s c h e i d e n . – Das
war vor der italienischen Reise. – Diejenigen haben also

---

15   Ganz dasselbe hat Goethe im Auge, wenn er im We s t ö s t l i c h e n D i v a n
      sagt:

      „Herr, laß Dir gefallen
      Dieses kleine Haus –,
      Größere kann man bauen
      Mehr kommt nicht heraus.“

Oder in derselben Spruchsammlung:

      „Prüft das Geschick dich, weiß es wohl warum:
      Es wünschte dich enthaltsam! Folge stumm.“

unrecht, welche sagen, Goethe habe in Italien den Stil des Maßvollen oder, besser gesagt, des Gemessenen gefunden. – Als Mensch hat er schon vorher immer nach ihm gelebt. – Italien rückte diesen nur klar in sein Bewusstsein und im „Tasso" hat dieser dann seine vollendetste künstlerische Verkörperung gefunden. –

Man müsste Seiten füllen, um von Goethe alle die Aussprüche anzuführen, die ihrem Inhalte nach dem Mörikeschen „Gebete" nahestehen. – Goethe und Mörike befinden sich hier auf ganz gleichen Boden. – „In der Mitte liegt holdes Bescheiden" ist nur ein glücklicher Ausdruck G o e - t h i s c h e r L e b e n s a u f f a s s u n g . –

Und beider Dichter Stil beruht auf ihr. – Wenn uns Goethe erzählt:[16] „I c h s u c h t e d i e v o n d e r N a t u r m i r v e r l i e h e n e n G a b e n m i t m ä ß i g e r A n s t r e n - g u n g a n z u w e n d e n", s e h e n w i r d e u t l i c h , w i e b e w u s s t G o e t h e d i e s e L e b e n s a u f f a s s u n g a u f s e i n e K u n s t ü b e r t r ä g t . – Er befleißigt sich auch im Malen des Leidenschaftlichen einer Zurückhaltung. Auch den Personen seiner Dichtung haftet dies Moment seiner Persönlichkeit mehr oder minder an. Antonio kann in dieser Hinsicht geradezu als Träger der Goethischen Lebensauffassung gelten. Bei Dorothea beruht hierauf einer ihrer angenehmsten Züge: „Dorotheas Gestalt", sagt H e r m a n n G r i m m [17] in seinen Berliner Vorlesungen über Goethe, die vielleicht das Beste darstellen, was je über diesen gesagt

---

16   Wie Mörike hat sich auch Goethe öfters in seinen Briefen über seine, sich oft in der Mitte haltende Empfindungsweise geäußert. „I c h b i n", so schreibt er am 16. September 1776 an Frau von Stein (Weim. Ausgabe Abt. IV, Bd 3) „i n e i n e m u n e n d l i c h r e i n e n M i t t e l z u s t a n d o h n e F r e u d u n d S c h m e r z ."

17   H e r m a n n G r i m m , Goethe. Vorlesungen gehalten an der Universität zu Berlin. (Wilh. Hertz 1880) S. 403.

worden ist, „steht so fest auf dem Boden des Vaterlandes wie keine andere. Sie hat nur eine Schwester: Gudrun. Auch hier tritt uns diese Verbindung tiefen Gefühls mit einer gewissen Zurückhaltung, dies feste Beruhen auf dem Boden der Pflicht entgegen, diese fast philosophische Mäßigung in Glück und Unglück ... sie erscheint als die Vertreterin der gesunden Gesinnung, die Ruhe in natürlicher Tätigkeit als den Preis des Lebens ansieht." Zwei Dinge werden nun durch diese Lebensauffassung, die ich fortan die Goethische nennen will, vor allem bewirkt: Erstens die Wahl einer ganz bestimmten Art von Motiven und dann ein bestimmter Stil des Leidenschaftslosen, des Maßhaltens. Wir werden ganz an die vorher angeführte Stelle aus „Dichtung und Wahrheit" erinnert, wenn Baechtold in seiner trefflichen Mörike-Biographie sagt: „Bei Mörike begegnen wir einem absoluten Mangel der Phrase, der Sentimentalität und der Leidenschaft, was von vornherein die Jugend von dem Dichter zumeist fernhält."

Überblicken wir nun die Motive, die Mörike gern seinen Dichtungen zugrunde legt, so müssen wir sagen, dass aus allem die Vorliebe des Dichters für das Einfache hervorgeht. – Es fehlen, um es mit einem Worte zu sagen, ganz ähnlich wie bei Goethe die Haupt- und Staatsaktionen. In der Epik meist ruhig fortschreitende, mehr an inneren als an äußeren Erlebnissen reiche Handlung, deren künstlerischer Höhepunkt meist in Situationen liegt, die der Idylle nahekommen.

Im „Maler Nolten" ist dieser Höhepunkt das Wiedersehen Noltens mit Agnes, im Märchen „Der Schatz"[18]

---

18   Iris, Eine Sammlung erzählender und dramatischer Dichtungen von Eduard Mörike. Stuttgart 1839. S. 65ff.

ist es die Szene in Ännchens Kammer vor dem Gang des jungen Franz in den Kerker. – Nichts charakteristischer für Mörikes Weise als diese Szene. – Vorher in dem sonst stillen Hause des Schlossvogts lebhafte Bewegung. – Von Weitem schon vernimmt Franz, der noch bei dem Ankleiden ist, lamentierendes Verwundern, Schelten, Toben. – Dazwischen die derben Flüche des Schlossvogts. – Die Verhaftung des Franz, der Profession und Namen verleugnet und jetzt fälschlicherweise des Diebstahls bezichtigt wird, steht bevor. – Da ändert sich die Situation. – Der Schlossvogt geht weg. – Ruhe verbreitet sich, wo eben noch Lärm tobte. – Doch lassen wir Mörike selbst reden. Franz erzählt:

„Die Alte war inzwischen ein paarmal in die Kammer gegangen; soeben kam sie wieder heraus, zog die Türe still hinter sich zu und ging nach der Küche. – Schnell spring' ich jetzt auf die Kammer zu und öffne ganz leise. Niemand ist da. – Ich sehe eine zweite Tür, ich trete unhörbar über die Schwelle und bin durch einen Anblick überrascht, vor dem mein ganzes Herz zu Wachs verschmilzt. – Denn in dem engen, äußerst reinlichen Gemach, das ich mit einmal überblickte, lag die Schöne am Fuße ihres Bettes halbkniend hingesunken, die Arme auf den Stuhl gelegt, die Stirn auf beide Hände gedrückt, wie schlafend ohne Bewusstsein; Gewand und Haare ungeordnet, sodass es schien, sie hatte kaum das Bett verlassen … „Ännchen", sagte ich – es war kein Rufen, es war nur ein Flüstern gewesen; dennoch im nämlichen Moment richtete die Schlummernde den Kopf empor; sie schaute halb im Traum nach mir herüber, der ich bewegungslos dastehe; nun aber wie durch Engelshand im Innersten erwacht, steht sie auf ihren Füßen, schwankt – und liegt an meinem Halse; so standen wir noch immer fest umschlungen, als es im Hofe laut und lauter zu werden begann."

18

Unruhe vorher und Unruhe nachher. – Doch es ist, als brauche der Dichter Stille, wenn das Herz sprechen soll. – Der ganze Stimmungsduft der Mädchenkammer kommt in dieser Stille prächtig zur Geltung. – Bis zu dem geflüsterten „Ännchen" scheint die Zeit selbst stille zu stehen. – Nichts von Worten, nichts von Überschwänglichkeit. – Leise und warm zieht einer in des andern Seele. –

Wie verschieden schildern die Dichter einen solchen Moment des Sich-Zusammenfindens zweier Menschen. Die Farbengebung bei einer solchen Situation kann man bei den meisten als einen klaren Ausdruck ihres Stils ansehen. – Doch der feine und intime Stimmungsreiz, den die eben beschriebene Szene bei Mörike ausstrahlt, umhüllt ja bei Goethe fast jede Liebesszene. –

Selbst in seinem so groß angelegten Faust, in dem Goethes künstlerische Größe ins Übermenschliche zu gehen scheint, weiß er doch für die Liebe nichts anderes als die schlichten Laute der Natur zu finden. Wird Goethe in den andern Szenen zum Titanen, der die Leiden und Kämpfe der ganzen Menschheit in sich zusammenfassend mit Göttern um das Glück derselben zu ringen scheint, so zeigt er seine schlichte, stille Menschlichkeit, wenn Gretchen und Faust sich zusammenfinden. – Schienen vorher Geistes- und Naturgewalten im Kampfe zu stehen, so sehen wir jetzt einen blühenden Garten. An Stelle der Unruhe tritt die Idylle, an Stelle der Größe die Güte. Ein leises, fast hingehauchtes „Mich überläuft's" ist Gretchens ganzes Liebesgeständnis. Kaum ist es ausgesprochen, so ist's auch schon mit dem Flüstern der Linden vom Winde in die Weite getragen, aber mit diesem schlichten Geständnis ist sie ein Teil des geliebten Mannes geworden und alles, was folgt, ist nur eine Folge dieser Worte. –

19

Es sei ferne von mir, die beschriebene Szene bei Mörike dieser Stelle im Faust ihrem künstlerischen Werte nach gleichsetzen zu wollen. – Aber in der schlichten, intimen Farbengebung bei der Schilderung einer solchen Situation scheint mir kaum ein Dichter Goethe so nahezustehen wie Mörike. – Die andern sind je nach Art leidenschaftlicher, pathetischer oder auch nur geräuschvoller. Mörike und Goethe sind beide Meister der Idylle. Aber sie hat bei beiden nichts Süßliches. Sie greifen auch nur zu ihr, wo sie sich aus der Natur der Sache ganz von selber ergibt. Sie sind Realisten genug, um zu wissen, dass es nicht immer Feiertag ist in der Natur. Aber wenn es einmal wirklich einen gibt, dann zeichnen sie ihn still und ohne Überschwang, wie es einem rechten Feiertag ziemt. Der Stimmungsgehalt des Idylls kann bei Goethe und Mörike nur in so gleicher Weise abgetönt erscheinen, wenn sie dasselbe von vornherein aus einer nahverwandten Empfindung heraus erfassen.

Das Beste in Mörikes Epik hat fast immer einen Zug ins Idyllische. Er hat sich auch öfters der Idylle selbst zugewandt. Unter diesen wird der „Alte Turmhahn" mit Recht allgemein als das Vorzüglichste angesehen. – Bekannt und geschätzt ist die „Idylle vom Bodensee". Ihrer künstlerischen Gesamtwirkung nach kann sie allerdings einen Vergleich mit Goethes „Hermann und Dorothea" nicht bestehen. – Wenn trotzdem bei der Lektüre der „Idylle vom Bodensee" im Einzelnen manchmal eine ganz ähnliche Stimmung in uns Platz greift, wie die, in welche das Goethesche Epos uns gezogen hat, so wird das wiederum lediglich in der Behandlungsweise beruhen, die Mörike seinem Stoffe angedeihen lässt. – Und so ist dem auch. Die Liebe zum Erdgeruch des Landes, das

Verständnis für seine warmen, sonnigen Farben, Dinge, in denen bei Goethe der direkte,
bei Mörike wohl der durch Goethe vermit-
telte Einfluss Rousseaus – mitspielt, trägt
bei beiden dazu bei, dem Boden, auf dem die
Dichtung steht, eine ganze gleiche Färbung
zu geben. Die beiden Dichtern gemeinsame
Liebe zur Wirklichkeit lässt sie den künstlerischen Wert, der hinter dem Bilde ländlicher
Arbeit steht, nicht übersehen. Die ländliche
Arbeit beruht auf der körperlichen Gesundheit. Und diese Gesundheit ist für den Künstler auf dem Lande nur ein mittelbarer Ausdruck der Natur, um Zeugnis zu geben von
einem gesunden, elementaren Gefühlsleben.
Das empfanden Goethe wie Mörike in ganz
gleicher Weise. Daher in beider Epen bei den Helden,
im Gegensatze zu einem Idyllendichter wie etwa Salomon
Gesner, jener Zug geschäftiger Tätigkeit, den
wir schon in einem andern Zusammenhange
bei Dorothea hervorhoben und der mit seinem
Zurückdrängen alles Sentimentalen uns deutlich das Goethe wie Mörike gleichermaßen
angehörende naive Element im Schillerschen
Sinne zum Bewusstsein bringt. Wurde es Goethe
bei Friederikens Besuch in Straßburg in kurzer Zeit offenbar, wie unvorteilhaft dieselbe sich in städtischer Umgebung machte, so zeigte dies Erfassen der ländlichen Tätigkeit als richtiges Stimmungsmoment uns deutlich, wie
sehr er es verstanden hat, nicht nur mit sinnlichem, sondern auch künstlerischem Behagen das Wesen gesunder ländlicher Jugend
zu erfassen, wenn diese zu ihrer ländlichen
Umgebung in richtiger Wechselwirkung steht.

Was nun Hermann Grimm, wie wir gesehen haben, von Dorothea sagt, trifft auch in eingeschränktem Maße auf die Margarete der „Idylle vom Bodensee" zu. Auch sie wird von Tone wie Dorothea von Hermann auf der Stätte der Arbeit gesucht. So sind die Liebesszenen in beiden Epen von dem umrahmt, in dem vorher und fortan für die Liebenden die Betätigung ihres Lebens liegt. Dies nimmt den Szenen eben alles Süßliche und lässt dieselben ganz aus der Wirklichkeit herausgewachsen erscheinen. Dorothea und Margarete sind auch innerlich nicht unverwandte Naturen. Beide geben sich mit einer für Landmädchen nicht gewöhnlichen Sicherheit. Sie finden sich augenscheinlich mit einer für Mädchen im Allgemeinen seltenen Klarheit in ihrem Gefühlsleben zurecht und scheinen selbst in Momenten bedingungsloser seelischer Hingabe kaum ernstlich verwirrt. „Ruhig", nennt Mörike bei Margarete den Ausdruck ihres Auges[19] und später lesen wir:[20]

> „Ruhig indessen am Abhang weideten wieder die Schafe
> Vom aufmerksamen Wächter bewacht; auch schauten die Hirtin oft vorbeugend das Haupt
> nach der Schar, ob keins sich verlaufe."

So verlässt Margarete selbst in dem Augenblicke des völligen Sich-Gebens, – denn darum handelt er sich währenddessen – nicht den Boden der Pflicht. Dorothea und Margarete sind in dieser Hinsicht etwas anders geartet als etwa Gretchen, Klärchen und selbst Friederike oder die Agnes im „Maler Nolten". – Die letztgenannten Mäd-

---

19   Idylle vom Bodensee V. Gesang, Vers 14.
20   a. a. O., V. Gesang, Vers 58ff.

chengestalten zeigen in ihrer Charakterzeichnung doch noch weichere und damit, wenn man will, mädchenhaftere Linien, sie nähern sich – und das ist sicher kein künstlerischer Fehlgriff – viel mehr dem Durchschnittsmädchen als Dorothea und Margarete. Mit diesen beiden Mädchen verglichen, strahlen Gretchen und die, die ihrem innern Stile nach ihre Schwestern genannt werden müssen, nach außen hin im Augenblick der Hingabe mehr Wärme aus. Dorothea und Margarete erscheinen, wenngleich diese sich im Ganzen noch wärmer gibt, auf dem Boden der Pflicht verbleibend, beinahe kühl, jedenfalls herber. Sie haben beide im Gegensatz zu Gretchen oder Agnes etwas Zurückhaltenderes oder vielleicht mehr Norddeutsches in ihrem Wesen. Denn Dorothea ist auch in dieser Hinsicht mit der am Meeresstrande aufgewachsenen Gudrun stimmungsverwandt, und wenn Mörike an Theodor Storm schreibt, es freue ihn zu sehen, wie bei Storm das Norddeutsche oft ganz süddeutsch anmute, so zeigt er bei Margarete, wie er es selbst gelegentlich verstanden hat, dem mehr norddeutschen Elemente sich nach innen zurückziehender Wärme künstlerische Gestalt zu geben. – Ich sage Wärme, denn Herzlichkeit ist, wie das bei liebenden Mädchen, sofern der Künstler richtig zeichnet, Voraussetzung ist, auch bei unsern beiden die Grundfarbe ihres Wesens. Nur stellt sich uns die Herzlichkeit bei Margarete und Dorothea als eine mehr kluge, bei Gretchen und den andern als eine mehr naive dar. Freilich beschränkt sich die Verwandtschaft zwischen Dorothea und Margarete nur auf diese Momente. Ihrem künstlerischen Gesamtwerte nach muss Dorothea selbstverständlich weit über Margarete gestellt werden. Wenn trotzdem die Gestalt der Margarete in manchem an eine so ausgearbeitete Figur wie Dorothea erinnert, obwohl sie uns eigentlich nur in einer flüchtigen Situation entgegentritt, so zeigt das deutlich, wie überaus bedeutend Mörike im Ausdrucke von Situationen ist. –

Der Stimmungsgehalt des Landes und der Ton des Volkstümlichen ist in der „Idylle vom Bodensee" getroffen wie kaum einem andern Epos der deutschen Literaturgeschichte. Ein Dichter aber, der so meisterhaft aus dem Volkstümlichen greift und dasselbe in seiner ganzen lebenswarmen Realität so nachzugestalten vermag wie Mörike, wird bei seinen Gedichten ganz von selbst öfters ins Volksliedmäßige geraten. Goethe sagt einmal: „Eigentlicher Wert des sogenannten Volksliedes ist der, dass seine Motive unmittelbar von der Natur genommen sind. Dieses Vorteils aber könnte sich der gebildete Dichter auch bedienen, wenn er es verstände." Was Goethe hier fordert, hat er selbst im reichsten Maße erfüllt. Außer ihm aber hat keiner – nur U h l a n d , E i c h e n d o r f f , I. K e r n e r und H e i n e mit einigen ihrer volksliedmäßigen Gedichte ausgenommen – den Ton des Volkslieds so getroffen wie Mörike. Man denke nur an „Das verlassene Mägdelein", „Schön Rohtraut", „Agnes", „Die Soldatenbraut".

Mit dieser Neigung zum Volkstümlichen hängt etwas anderes in Mörikes Motiven zusammen, wenn man sie in ihrer Gesamtheit überschaut. Sie sind nicht nur, wie schon hervorgehoben, ihrer Handlung nach einfach, sondern sie haben auch im Allgemeinen kaum etwas, was rein rhetorischer, philosophischer und polemischer Natur wäre. M ö r i k e sieht die Welt mit zu großem sinnlichem Wohlbehagen an, als dass er, um es Goethisch auszudrücken, über die Grenze des „Zugänglichen" ernstlich hinausgestrebt hätte.

Ein bekannter Ausspruch Goethes lautet: „Das schönste Glück des denkenden Menschen ist, das Erforschliche erforscht zu haben und das Unerforschliche ruhig zu verehren." Diese ruhige Verehrung des Unerforschlichen muss in Mörikes Innenleben einen breiten Platz eingenommen haben, denn nur aus ihr lässt sich in seinen Werken das Fehlen aller philosophischen Spekulation erklären. Diese ruhige Verehrung des Unerforschlichen steht hinter dem, was Mörike nicht sagt, sie hauptsächlich lässt in seinen Stil jene leise Wehmut einfließen, die wie ein leichter Dämmerschein auf seinen Dichtungen ruht. Sie ist auch neben andern später zu behandelnden Stilmomenten das, was der Welt, wie er sie zeichnet, jenen Goethe so verwandten Zug des Harmonischen, selbst in tragischen Situationen, gibt.

Man vergegenwärtige sich in dieser Hinsicht die harmonische Beleuchtung, in der selbst der Wahnsinn der Agnes erscheint. Wenn Goethe in den „Wahlverwandtschaften" nach dem Unfall des Kindes von Ottilie sagt: „Aber auch hier lässt ihr schönes Gemüt sie nicht hilflos. – Sie wendet sich nach oben", und Mörike von Agnes[21]: „So viele Anmut ihr Gespräch auch selbst in dieser traurigen Zerstörung noch immer offenbaren mochte …", so leuchtet uns aus solchen Sätzen die eigentümliche Art entgegen, uns selbst großem Missgeschick gegenüber durch harmonische Farbengebung versöhnlich zu stimmen. Mörike, der wohl von vornherein zur ruhigen Verehrung des Unerforschlichen neigte, oder Goethe, der sich wohl – wenn wir anders im „Faust" ihn selbst wiederfinden dürfen – zu diesem schönsten Glücke, wie er es nennt, seiner größeren Natur entsprechend erst durch Erforschung des

---

21 Maler Nolten S. 599. Maler Nolten wird in dieser Arbeit nach der ersten Fassung, das heißt nach der bei Schweizerbart (Stuttgart 1832) erschienenen Ausgabe angeführt.

Erforschlichen durchgerungen hat, zeigen so recht, wie sich Dichtern die Welt bei der Nachgestaltung harmonisch darstellt, wenn sie darauf verzichten, das Leben und dessen Erscheinungen mit dem Unerforschlichen in ein gedanklicher Spekulationen allzu ausgesetztes Verhältnis zu bringen. (Es ist hier von Gefühlsregungen, nicht von dem von beiden Dichtern nicht selten behandelten Fantastischen die Rede. Das Fantastische gehört der Fantasie, die Seele und ihre Regungen der Wirklichkeit an.)

Diese Abneigung gegen philosophisch-spekulative Hintergründe bei künstlerischen Gebilden führt beiden Dichtern in ihren Gestalten und Situationen zu jener scheinbar ganz dem Leben entnommenen Farbengebung, die man Realismus nennt. Nur was im Leben, dasselbe als ein in sich selbst geschlossenes Ganzes genommen, für das sinnliche Empfinden beider klare Erscheinungsformen annimmt, wird einer genauen künstlerischen Wiedergabe für wert erachtet. Es wird nicht der gerade vielen modernen Dichtern eigentümliche Versuch gemacht, die Regungen, welche – wenn der Mensch sich selbst gegenüber nur aufrichtig ist – doch stets im Unbewussten, oder besser gesagt, im Unterbewussten bleiben und bei Beobachtung von uns selbst und andern Personen sich doch nur undeutlich geltend machen, in eine für wirklich künstlerische Wirkung zu helle Beleuchtung rücken. Aus einem Briefe Goethes an Schiller hob Mörike als ihm ganz besonders zusagend folgende Stelle hervor[22]: „Die Dichtkunst verlangt im Subjekt, das sie ausüben soll, eine gewisse gutmütige, in's Reale verliebte Beschränktheit,

---

22   Vgl. Karl Fischer, Eduard Mörikes Leben und Werke. S. 196. (1901).

hinter welchem das Absolute verborgen liegt. Die Forderungen von oben herein zerstören jenen unschuldigen produktiven Zustand."

Handelt es sich nun bei G o e t h e und M ö r i k e um die Wiedergabe von Mädchengestalten, so scheint mir dies Moment des nur angedeuteten Unterbewussten ein für beide ganz charakteristisches Moment zu sein, zumal die unterbewussten Regungen im Seelenleben des Weibes ohne Zweifel eine viel größere Rolle spielen als in dem des Mannes. Betrachten wir daraufhin Gestalten wie Goethes Gretchen und Mörikes Agnes, die zwar dem Gretchen nicht ebenbürtig, aber innerlich durchaus verwandt ist, so wird es uns klar werden, wie hierin bei beiden Dichtern der i n t i m s t e   k ü n s t l e r i s c h e   R e i z solcher Wesen liegt. –

Das Instinktive und Unbewusste in seiner matt erleuchteten Sphäre lassend, greifen Goethe wie Mörike vor allem nach dem, was ihnen in der Helle der Wirklichkeit lebenswarm gegenübertritt. S o   e r s c h e i n t   a n   d i e s e n   M ä d - c h e n   a l l e s   a l s   s i n n l i c h e s   L e b e n   u n d   v o n   n i c h t s   O b j e k t i v e m   g e t r ü b t ,   t r e t e n   s i e   p l a s t i s c h   h e r - a u s   u n d   w i r   g l a u b e n   i h r e n   A t e m   z u   h ö r e n . D a h i n t e r   a b e r   f ü h r t   d a s   U n b e w u s s t e   b e i   i h n e n durchaus   das   ihm   zukommende   Leben.   Doch bleibt   es – wie   auch   in   der   Wirklichkeit – stets ein   Element,   in   dem   sie   sich   nur   unsicher   tastend   zurechtfinden. – Dies Element wirft unklar und unbestimmt, wie es seinem Wesen entspricht, über die Gestalt der Agnes – freilich mehr, als dies glücklicherweise sonst bei Mörike der Fall ist – seine verwirrenden Schatten. – Es ist das traurige Geschick dieses Mädchens, in diesem Schatten, dem der Dichter selbst als dem Unerforschlichen gegenüberzustehen scheint, zu lange herumzutasten und sich schließlich in dem Dunkel des Unterbewussten zu verlieren. Den Kritikern, die das irrationale Element im

„Maler Nolten" als verwirrend bezeichneten, erwiderte Mörike charakteristischerweise[23]: „Ich wollte ein dunkles Zimmer bauen, und nun verlangt man, daß ich ein Fenster einsetze."

Wenn in der bekannten Szene des Faust, wo Gretchen am Spinnrad sitzend es aufgibt, sich in den jetzt erweckten, bisher ganz unbekannten Formen ihres Innenlebens zurechtzufinden, so hat Goethe es hier verstanden, die fast unbewussten Gefühlsregungen zu der Wirklichkeit in ein künstlerisches Verhältnis zu bringen, das, so sehr es dem Leben einfach abgelauscht erscheint, in dieser vollendeten Form wohl einzig ist. Das liebende und als solches zum Lebengeben bestimmte Mädchen, an dessen sinnlicher Erscheinung uns alles klar und aufrichtig dünkt, scheint in das Halbdunkel des Unterbewussten in sich zu sehen wie in ein nie zu lösendes Rätsel. Die Wiedergabe des Sinnlichen und Übersinnlichen, beides in richtiger Farbengebung vereinigt sich hier zu einer künstlerischen Einheit, die dem, der sie einmal in sich aufgenommen, die Rückerinnerung eines Erlebnisses lässt.

Die meisten Dichter gehen über dies Moment des Unbewussten aus einer leicht erklärlichen Scheu einfach hinweg und nehmen damit ihren Geschöpfen das, was man, wenn das Wort weniger abgegriffen wäre, die Seele nennen müsste, oder sie nehmen – und hier muss man wieder an die zeitgenössische Literatur denken – diesem Element des nur Empfundenen das ihm eigentümliche warme Leben, indem sie dasselbe einer Beleuchtung

---

23   Vgl. Karl Fischer, Ed. Mörikes Leben und Werke. S. 196.

aussetzen, in deren kaltem Lichte die Gefühle zu Gedanken zusammenschrumpfen. Es spricht für die Verwandtschaft des Mörikischen Stiles mit dem Goethischen, wenn Mörike in einem so innerlichen Stilmoment, wie es die Behandlung des Unterbewussten ist, von der gleichen ruhigen Verehrung des Unerforschlichen ausgehend, zu so ähnlicher Wirkung kommt.

Zu dieser Behandlung des Unterbewussten, die man wohl als die Goethische und als die spezifisch künstlerische bezeichnen kann, kommt bei Mörike wie bei Goethe, wo es sich um die Wiedergabe des Weiblichen, oder besser gesagt, des Mädchenhaften handelt, noch etwas anderes hinzu, das den Mädchen erst ihre ganz besondere Färbung gibt. Den Mädchen merkt man von allen Gestalten der beiden Dichter am stärksten an, dass ihre Bildner gleichzeitig Meister des volksliedmäßigen Gedichtes sind. Hierhin gehören Goethes Friederike, Lotte, Klärchen, Gretchen. Als ihnen innerlich verwandt und von denselben wahrscheinlich künstlerisch beeinflusst, müssen Mörikes Agnes und das Ännchen im „Schatz" angesehen werden. Wenn Herr Heinrich von Morungen in einem Gedichte von seiner *frouwen* sagte,[24] sie sei *„senfte unde lôs",* dann scheint nach diesen Worten zu urteilen ein sich nach Goethischer Auffassung ganz natürlich gebendes Mädchen dahinter zu stehen, denn sanft und mutwillig sind auch Goethes hierdurch so lebendig wirkende Mädchen.

Nicht aber Goethe hat diese Art Mädchen für die deutsche Literatur recht eigentlich entdeckt. Sie verschwinden nach ihm nicht mehr aus ihr. Mörike aber schuf in seiner Agnes eine Gestalt, die wie kaum eine andere in den vom Krankhaften freien Situationen Goethes Friederike nahesteht.

---

24   Minnesangs Frühling XVIII, v. 26.

Worin liegt nun das Besondere dieser Gattung, deren vorzüglichste Vertreterin immer Friederike Brion bleiben wird? Es liegt in ihrer künstlerischen Heimat. Und diese Heimat ist dieselbe Sphäre, in der das Volkslied zu Hause ist. Goethe schreibt im Jahre 1771 in einem Briefe an Herder, in dem er diesem zwölf deutsche Volkslieder „aus den Kehlen der ältesten Mütterchen" für dessen Sammlung zur Verfügung stellt[25]: „Ich will mich nicht aufhalten etwas von ihrer Fürtrefflichkeit noch dem Unterschiede ihres Wertes zu sagen; aber ich habe sie bisher als ein Schatz an meinem Herzen getragen; alle Mädchen, die Gnade vor meinen Augen finden wollen, müssen sie lernen und singen." E. Martin vermutet, dass Goethe diese zwölf Volkslieder in Sesenheim gesammelt hat.[26] Es ist, als trage auch der Verkehr mit Friederike indirekt dazu bei, bei Goethe das Verständnis für den Wert des Volksliedes zu vertiefen. Und Friederike muss ihm diese Lieder singen, also ganz etwas Ähnliches, als wenn Mörike der Agnes so volksliedmäßige Gedichte wie das „Lied vom Winde"[27] in den Mund legt, oder ein Lied wie „das verlassene Mägdelein" zu ihr in Beziehung setzt.

Beide Dichter fühlen die innere Wahlverwandtschaft zwischen dem, was ihnen in solchen Mädchen so reizvoll erscheint und dem, was ihnen aus dem Volkslied entgegenklingt. Friederike und zum Teil auch Agnes haben alle künstlerischen Eigenschaften des Volksliedes, nur in das warme Leben der Wirklichkeit über-

---

25   Vgl. Weim. Ausgabe, Abteilung IV, 2, 1.

26   Vgl. den Vortrag „Herder und Goethe in Straßburg" im „Jahrbuch für Geschichte, Sprache und Literatur Elsaß-Lothringens", 14. Jahrgang. Straßburg 1898. S. 119 u. 121, Anm. 8 u. 9.

27   Maler Nolten. S. 612.

tragen. Sie verhalten sich zu den anders gearteten Mädchengestalten der Literatur ganz wie das Volkslied zum Kunstgedicht. Auch das Stehen auf dem Boden des Nationalen haben diese Art Mädchen mit dem Volkslied gemein. Man kann sich kaum etwas Deutscheres denken als Friederike, Klärchen und ihre Schwestern bei Mörike. So lange es überhaupt Mädchengestalten in der Dichtung gab, hatten sie wohl aus einer ganz richtigen Lebensbeobachtung heraus häufig einen Zug ins Sentimentale. – – Auch bei Goethes und Mörikes Mädchen fehlt dieser Zug natürlich nicht. Aber den Mädchengestalten bis zu ihm haftete eine allgemeine, um nicht zu sagen, internationale Sentimentalität an, während mir die Sentimentalität bei Friederike, Klärchen und Mörikes Agnes durchaus deutsch zu sein scheint. Goethe sagt einmal[28]: „Die Sentimentalität der Engländer ist humoristisch und zart, der Franzosen populär und weinerlich, der Deutschen naiv und realistisch". In diesem Sinne wirkt Agnes ebenso deutsch wie etwa Friederike.

---

28   Maximen und Reflexionen.

II.

Für die Erkenntnis eines Dichters, der unter dem Einfluss der „romantischen Schule" steht oder wenigstens mit ihr bekannt sein muss, scheint mir kaum etwas so charakteristisch zu sein als seine Stellungnahme zu derselben. Es ist unrichtig, einen Dichter der hier in Frage kommenden Zeit – die Führer der Schule natürlich ausgenommen – einen echten Romantiker oder Antiromantiker zu nennen. Denn Ersteres wird sehr selten und Letzteres wohl fast nie das Richtige treffen. Literarhistoriker, welche trotzdem in den Fehler verfallen, Dichter wie Uhland, Mörike, Heine in diesem Sinne einer bestimmten Schule zuweisen zu wollen, schätzen das Wesen der Romantik nicht richtig ein. Denn erstens wird, da hinter dem, was als „romantische Schule" hier in Betracht kommt, die ganze Denk- und Empfindungsweise einer Zeitperiode seht, selbst ein scheinbar antiromantischer Dichter als ein Kind seiner Zeit bei genauerer Betrachtung immer noch romantische Elemente aufweisen und dann ist es, von diesem allgemeinen Hintergrund abgesehen, durchaus nicht ausgemacht, was man unter Romantik im poetischen Sinne zu verstehen hat. –

Von allen Literarhistorikern wird fast gleichmäßig der Klassizismus als der künstlerische Gegensatz der Romantik hingestellt. Nur bei der Formulierung des Unterschiedes zwischen den beiden Gegensätzen geht man vielfach von verschiedenen Gesichtspunkten aus.

Ich glaube, dass Arthur Schopenhauer diesen Unterschied am treffendsten und kürzesten wiedergibt, wenn er in seinem ansprechenden Aufsatz „Zur Ästhetik der Dichtkunst" sagt[29]: „Der in unseren Tagen so oft besprochene Unterschied zwischen klassischer und romantischer Poesie scheint mir im Grunde darauf zu beruhen, daß jene keine andern als die rein menschlichen, wirklichen und natürlichen Motive kennt, diese dagegen auch erkünstelte und imaginäre Motive als wirksam geltend macht." Diese Formulierung bietet neben ihrer Kürze auch den Vorteil, gleich zu zeigen, dass es zuerst auf die Wahl der Motive ankommt. Und ist dies der Fall, so wird es kaum einen Dichter geben, für den – er möge im Allgemeinen dem Wirklichen so zugeneigt sein, wie er wolle – es nicht auch Reiz hätte, sich einmal in Motiven zu versuchen, die Schopenhauer hier erkünstelt und imaginär nennt. – Daher bei vielen Dichtern jene eigentümliche Mischung von Klassizismus und Romantik, die in uns von der künstlerischen Persönlichkeit, die hinter der Vereinigung dieser beiden Elemente steht, ein etwas unbestimmtes Bild hinterlässt. Mörike gehört ohne Zweifel zu diesen Dichtern. – Das aber, was Mörike im Grunde von der Romantik als Schulbegriff trennt, sind wiederum charakterstischerweise vielfach dieselben Stilmomente, die auch Goethe von derselben scheiden. Versuchen wir diese Unterscheidungsmerkmale genauer zu erkennen.

Selten haben Dichter so viel theoretisch über ihre Kunst gesprochen und dieselbe so zum Dogma erhoben wie die Romantiker. Sie haben der Poesie ein neues Land entdeckt und vergessen in ihrer Begeisterung,

---

29   Ausgabe von Moritz Brasch. Leipzig. (Gust. Fock.) v. II, 198.

dass außerhalb ihrer neu entdeckten Insel die eigentliche Welt liegt. Es ist hier nicht der Platz, das Wesen der romantischen Schule genauer darzulegen. Wir wissen, was wir unter ihr zu verstehen haben. Doch hören wir einen Ausspruch von Novalis, in dem er die letzte und zutreffendste Konsequenz rein romantischer Anschauung zu ziehen scheint. Er sagt[30]: „Das höchste Leben ist Mathematik. Ohne Enthusiasmus keine Mathematik. Reine Mathematik ist Religion. Zur Mathematik kommt man nur durch eine Theophanie. Der Mathematiker weiß alles." Da hat man in Kürze das Resultat der Romantik. Weiter lässt es sich nicht gut gehen. Alles Leben hört auf. Was sich bei andern Künstlern zur Form verdichtet, erstarrt hier zur Formel. So widerspruchsvoll es klingt: Die tote Formel ist die notwendige Fortsetzung des Fantastischen; sie ist das Endprodukt der lebens- und tagfremden Kunst der Romantiker. An Stelle des Tages tritt die Nacht, an Stelle des Wortes der Ton, an Stelle des Tones die Formel. Die mathematische Formel ist das Schlussglied einer Kette, die mit warmem Leben beginnend, aus Mangel an Sonne schließlich erstarren musste. Nach diesem wird sich uns Mörikes wie Goethes Stellung zur Romantik ganz von selbst ergeben. Beide Dichter stehen ihr trotz mancher scheinbarer Gegenbeweise nicht fremd, doch zurückhaltend gegenüber.

Stellen wir Goethes „Wilhelm Meister" und Mörikes „Maler Nolten" einmal dem „Heinrich von Ofterdingen" und „Fritz Sternbalds Wanderungen" gegenüber. Die drei letztgenannten Romane bieten den bei einer solchen Vergleichung nicht zu unterschätzenden Vorteil, dass sie sämt-

---

30   Novalis Schriften, herausg. v. Heilborn. Berlin 1901. S. 223.

lich unter direktem Einfluss des Goetheschen stehen. Es ist nun interessant zu sehen, wie sich Novalis, Tieck und Mörike in der Technik ganz an „Wilhelm Meister" halten. Aber Novalis und Tieck einerseits und Mörike andererseits entfernen sich von Goethe nach verschiedenen Richtungen, Novalis und Tieck übersetzen den „Wilhelm Meister" ins Romantische, Mörike – von Orplid sehen wir als ein Zwischenspiel zunächst ab – ins Realistische. Und so viel die Wirklichkeit dem Dichter Goethe näher steht als das rein Romantische, so viel näher steht ihm der „Maler Nolten" als die Romane der beiden Romantiker.

Was trennt nun Goethe trotz Harfenspieler und Mignon – wir sehen, Goethe ist ganz ähnlich wie Mörike dem Romantischen im Einzelnen oft zugänglich – doch im Ganzen so stark von den Romantikern? Hören wir aus den Kreisen der Romantiker ein Urteil über „Wilhelm·Meister". Novalis sagt: „Wilhelm Meisters Lehrjahre sind gewissermaßen durchaus prosaisch und modern. Das Romantische geht darin zugrunde, auch die Naturpoesie, das Wunderbare. Das Buch handelt bloß von gewöhnlichen menschlichen Dingen. Es ist eine poetisierte bürgerliche und häusliche Geschichte, das Wunderbare darin wird ausdrücklich als Poesie und Schwärmerei behandelt. Wilhelm Meister ist eigentlich ein Candide, gegen die Poesie gerichtet." – Novalis ist hier aufrichtiger, als es die andern Romantiker Goethe gegenüber gewöhnlich gewesen sind. Novalis sieht, wie Goethe selbst in diesem äußerlich dem Romantischen so nahe stehenden Kunstwerk doch auf einem Boden steht, den er von seinem Standpunkt aus ablehnen muss. Dieser Boden ist die Wirklichkeit, oder besser gesagt der Schein der Wirklichkeit. Auch Mörike verlässt im „Maler Nolten" nie diesen Boden. Wo sich Goethe ins spezifisch

Romantische verliert, lässt er es, wie N o v a l i s ganz richtig bemerkt, selbst als eine Art Schwärmerei erscheinen. Ganz dasselbe tut M ö r i k e, wenn er die Helenaszenen im Faust „ein kurioses, aber nicht unkräftiges Schattenspiel" nennt. Auch „Orplid" wird bezeichnenderweise als „Schattenspiel" eingeführt. Ihm erscheinen die romantischen Gebilde als Schatten, unter denen er bisweilen gerne, aber wie über seine eigene Schwärmerei lächelnd weilt, die aber ihm, der sich wie G o e t h e mit allen Fasern als ein Kind dieser Erde fühlt, nie zur Wirklichkeit werden können. Auch wie M ö r i k e der Unheil bringenden Wahlverwandtschaft Noltens mit der wahrsagenden Zigeunerin durch die natürliche Verwandtschaft mit Nolten gleichsam einen den Schein der Wirklichkeit erweckenden Hintergrund gibt, ist für seine Weise charakteristisch. Hören wir, wie M ö r i k e Romantisches im „Maler Nolten" beschreibt: Bei Beschreibung der Noltenschen Bilder heißt es[31]: „Hier ist eine durchaus seltene Richtung der Phantasie; wunderbar, phantastisch und in einem angenehmen Sinne bizarr." Hinter diesen Worten steht wiederum ein Beurteiler, der für das Romantische Verständnis manchmal gar Liebe hat, der aber darin durchaus nicht das Wesen der Poesie, sondern ganz im Goethischen Sinne eine liebenswürdige Schwärmerei sieht.

An einer andern Stelle des Romans lässt M ö r i k e den Romantiker Nolten folgendermaßen beurteilen[32]: „Ich sage Ihnen geradezu, dieser Nolten ist der verdorbenste und gefährlichste Ketzer unter den Malern, einer von den halsbrecherischen Seiltänzern, welche die Kunst auf den Kopf stellen, weil das ordinäre Gehen auf zwei Beinen anfängt langweilig zu werden; der widerwärtigste Phan-

---

31 Maler Nolten S. 5.

32 Maler Nolten S. 30ff.

tasie-Renommiste! Was malt er denn? ... Er ist recht verliebt in das Abgeschmackte, in Dinge, bei denen keinem Menschen wohl wird. Die gesunde, lautere Milch des Einfach-Schönen verschmäht er und braut einen Schwindeltrank auf Kreuzwegen und unter dem Galgen ... Kam Ihnen da nicht auch schon der Gedanke, wie es wäre, wenn sich etwa der Ideendunst, der von diesen Köpfen aufsteigen muß, oben an der Decke ansetzte, welche Figuren da in Fresko zum Vorschein kommen müßten?"

Hier haben wir eine Ablehnung der Romantik, wie sie stärker kaum gedacht werden kann. Und wir haben es nicht etwa mit einem Urteil zu tun, das der Dichter seinem Nolten gegenüber einer dritten Person in den Mund legt, um die Gegenpartei seines Helden zu Worte kommen zu lassen. Denn Nolten sagt einige Seiten weiter über diesen Beurteiler: „Denn dass ich es nur als Künstler mit ihm verdorben habe, ist nicht wohl möglich, wenigstens täte er mir sehr unrecht, indem der Vorwurf des Fantastischen, den er mir zu machen scheint, nur den kleinsten Teil meiner Erfindungen träfe. Die meisten meiner Arbeiten bezeichnen in der Tat eine ganz andere Gattung ..." Also die Form der Kritik, glaubt Mörike, der in seiner Goethe so verwandten konzilianten Weise in Wirklichkeit sich nie so ausgedrückt hätte, als persönlich voreingenommen hinstellen zu müssen, den Vorwurf des Fantastischen lässt er von Nolten als berechtigt anerkennen. „Die meisten meiner Arbeiten bezeichnen in der Tat eine ganz andere Gattung ..." Es ist, als höre man Mörike über sich selbst sprechen. Seine Gattung ist mehr die, die er hier als die des „Einfach-Schönen" gekennzeichnet hat und die für Goethe in seinem Ausspruch: „Klassisch ist das Gesunde, romantisch das

Kranke", das Gesunde bedeutet. Sehen wir nun noch, wie Mörike und Goethe sich in ganz gleichen Momenten bei der Schilderung des Landschaftlichen von dem Stil wirklich romantischer Dichter unterscheiden. Im „Franz Sternbald" lesen wir, charakteristisch genug[33]: „Franz wollte die Landschaft anfangen zu zeichnen; aber schon die wirkliche Natur erschien ihm trocken gegen ihre Abbildung im Wasser." An einer andern Stelle desselben Romans finden wir folgendes „Mondscheinlied"[34]:

> „Hinterm Walde wie flimmernde Flammen
> Berggipfel oben mit Gold beschienen
> Neigen rauschend und ernst die grünen
> Gebüsche die blinkenden Häupter zusammen.
> Welle rollst du herauf den Schein
> Des Mondes rund freundlich Angesicht
> Es merkt's und freudig bewegt sich der Hain
> Streckt die Zweige entgegen dem Zauberlicht."

Wir empfinden hier den Mangel aller Plastik. Es ist unmöglich, sich diese Landschaft zu vergegenwärtigen. Wir sehen sie ebenso wenig, wie sie der Dichter sah, als er sie schilderte. Und das ist meistens typisch für das Landschaftliche bei den Romantikern. Im besten Falle wirkt die Landschaft wie eine geschickt gemalte Kulisse, an die wir auch durch eine gewisse, oft hervortretende Effekthascherei erinnert werden. – Ganz anders Goethe. Seine Landschaften stehen greifbar vor uns. Und mit den einfachsten Mitteln erreicht er die größte Wirkung.

---

33   Franz Sternbald v. I, S. 88.
34   a. a. O., v. II, S. 89.

> „*Füllest wieder Busch und Tal*
> *Still mit Nebelglanz,*
> *Lösest endlich auch einmal*
> *Meine Seele ganz.*"

Über solch einen Vers sollte man eigentlich nichts sprechen. Nur auf das Technische in ihm sei eingegangen, um zu zeigen, was G o e t h e hier von dem Landschaftlichen der Romantiker trennt und wie M ö r i k e in seiner Weise selbst dieser höchsten Probe Goethescher Lyrik nahe kommt.

Bei dem vorher angeführten Tieckschen Gedichte sehen wir „des Mondes rund freundlich Angesicht" gleichsam auf einer Fläche. Uns fehlt die Vorstellung des Ausstrahlenden, weil uns die Vorstellung des Raumes fehlt, die im Goethischen Vers gleich mit den ersten beiden Worten so deutlich in uns erweckt wird. Schon durch das Wort „füllen" sehen wir, wie des Mondlicht sich gleichmäßig nach allen Richtungen ausdehnt und die Vorstellung, die durch die einfachen Worte „Busch und Tal" in uns erweckt wird, gewinnt selbst durch den „Nebelglanz" des Mondes noch an Plastik, indem wir eben durch das Wort „füllen" nicht nur den Mond den Busch b e l e u c h t e n, sondern deutlich zwischen den Zweigen h i n e i n l e u c h t e n sehen. In d i e s e r P l a s t i k d e r D a r s t e l l u n g k o m m t G o e t h e k e i n a n d e r e r D i c h t e r s o n a h e wie M ö r i k e. Wir werden ihr bei unserer Betrachtung noch oft begegnen. Hier sei nur ein Beispiel genannt:

> „S E P T E M B E R M O R G E N.
>
> *Im Nebel ruhet noch die Welt,*
> *Noch träumen Wald und Wiesen,*
> *Bald siehst du, wenn der Schleier fällt,*

Den blauen Himmel unverstellt,
Herbstkräftig die gedämpfte Welt
In warmem Golde fließen."

Hier haben wir eine ganz ähnliche Wirkung wie bei der
soeben betrachteten Eingangsstrophe des Goethischen
Gedichts. Der Nebel trennt uns nicht von der
Wirklichkeit wie etwa der Theatervorhang uns
von der Bühne trennt. Schon nach dem ersten Vers steht man selbst gleichsam mitten im
Nebel drin, man fühlt, wie er sich nach allen
Seiten gleichmäßig verliert, denn er eröffnet
uns nicht ein Bild in dieser oder jener Richtung, sondern der blaue Himmel wölbt sich
über uns, die Welt tritt hellleuchtend um uns
heraus und wir glauben zu fühlen, wie das
warme Sonnengold uns ebenso wie die Landschaft überströmt.

„Herbstkräftig die gedämpfte Welt
In warmem Golde fließen."

Hier auch – ganz wie bei dem Goethischen „Füllen" – mit
dem einen Wort „fließen" eine plastische Wirkung hervorgebracht, zu der andere Dichter oft Sätze brauchen. Durch
das Wort „fließen" kommt eine Art primitiver Handlung
zustande, die in gleichsam perspektivischer Weise die Vorstellung räumlicher Weite erweckt.

Wir sehen, was auch in der Art zu schildern
unsere beiden Dichter von den Romantikern
scheidet. Wären Goethe und Mörike Komponisten, so müsste man bei einer ästhetischen
Würdigung ihrer Kompositionen nicht von
Tongemälden, sondern von einer Tonplastik
sprechen. Ihnen ist das Wort, was dem Künstler der

41

Marmor; es wird unter ihren Händen gleichsam Raum füllend, dasselbe Wort, das bei den Romantikern oft nur Lautwert hat.

Auch bei der Wahl der landschaftlichen Motive stehen Goethe und Mörike auf einem durchaus gleichen, der Mehrzahl der Romantiker fremden Standpunkt. Man beachte nur, wie einfach und ganz auf natürlichem Boden bleibend die Landschaften des Goethischen „An den Mond" und des Mörikischen „Septembermorgen" sind! Goethe und Mörike sehen die Natur, Novalis und Tieck und ihre namhaftesten Nachfolger sehen „um sie herum", wie Georg Brandes treffend gesagt hat. Auch das, was man in der Literaturgeschichte wohl die romantische Sehnsucht genannt hat, ist bei wenigen deutschen Dichtern so gar nicht zu finden wie bei Goethe und Mörike. Das Merkmal dieser romantischen Sehnsucht ist der Umstand, dass man gewöhnlich sich gar nicht darüber klar wird, wonach der Dichter oder sein Held sich eigentlich sehnt; es ist eine ziellose Sehnsucht, die für den echten Romantiker in sich selbst ihren Wert hat. Sie zieht sich wie ein roter Faden durch fast alle wirklich romantischen Dichtungen hindurch und hat auch – man denke nur an die „Hymnen an die Nacht" des Novalis – bei Einzelnen das Schönste gezeigt, was wir von den Dichtern dieser Schule haben. Die Sehnsucht als solche ist selbstverständlich auch bei Goethe und Mörike ein Hauptmoment ihrer Konzeption, weil sie überhaupt die Voraussetzung des künstlerischen Schaffens ist. Götz von Berlichingen, Werthers Leiden, die Idylle von Sesenheim, Faust, sie alle sind aus einer gewissen, oft sehr leicht zu bestimmenden Sehnsucht entstanden.

Wenn Goethe in „Dichtung und Wahrheit" seine Eindrücke bei Betrachtung des Straßburger Münsters erzählt, fühlt man deutlich, wie in ihm die Sehnsucht nach einer Epoche aufsteigt, deren Menschen etwas von der Gewalt dieses Bauwerkes in sich haben. Den Niederschlag dieser Sehnsucht ist „Götz von Berlichingen". Wie „Werthers Leiden" aus dem Gefühl der Sehnsucht Goethes nach einem ganz bestimmten Wesen entstanden sind, ist bekannt. Über Friederike Brion liegt in fast rührendem Gegensatz zu ihrer sonnigen Heiterkeit ein Schimmer leiser Wehmut ausgebreitet, die Friederike zu einer der schönsten Mädchengestalten unserer Dichtung macht. Man glaubt zu fühlen, wie in dem alternden Meister, als er sie schuf, die Sehnsucht nach der einst Geliebten immer wärmer aufstieg. Wie Fausts Gretchen aus einer sehnsüchtigen Rückerinnerung an das Frankfurter Mädchen gleichen Namens, zu dem der fünfzehnjährige Goethe einst eine Zuneigung gefasst hatte, entstanden ist, hat Kuno Fischer in seiner trefflichen Schrift über Goethes Faust[35] mit Recht betont. Ein Blick auf die Sehnsucht, welche bis zur Verzweiflung auswachsend Faust den Giftbecher zum Munde führen lässt, zeigt uns so recht, wie sehr dieselbe auch hier des realen Zieles nicht entbehrt. Faust sehnt sich aus der Welt des Wissens, oder besser gesagt, des Wissenwollens in die Natur zurück:

> *„Und fragst du noch, warum dein Herz*
> *Sich bang in deinem Busen klemmt?*
> *Warum ein unerklärter Schmerz*
> *Dir alle Lebensregung hemmt?*
> *Statt der lebendigen Natur,*
> *Da Gott die Menschheit schuf herein,*
> *Umgibt in Rauch und Moder nur*
> *Dich Tiergeripp und Totenbein."*

---

35 Vgl. Kuno Fischer, Goethes Faust. Stuttgart 1878. S. 80ff.

Zweierlei also muss bei Goethes Art zu konzipieren als durchaus antiromantisch angesehen werden. Erstens die leichte Bestimmbarkeit des Sehnsuchtszieles und dann die Beschaffenheit desselben. Das bestimmbare Sehnsuchtsziel als solches liegt den Werten aller Nicht-Romantiker zugrunde, die Beschaffenheit des Zieles bei Goethe ist ein charakteristisches Merkmal seines Stiles. Goethe entfernt sich als ein Dichter, der zu der Wirklichkeit ein zu harmonisches Verhältnis hat, als dass er sich ernstlich aus ihr heraussehnen könnte, auch in dem innerlich von ihm Erstrebten nie so weit von der Erde, dass diese mit ihrem warmen Leben aus seiner künstlerischen Sehweite entschwindet. Schiller – man denke nur an Marquis Posa – erstrebte in seinen Dichtungen eine ideale Welt, Goethe eine idealisierte Wirklichkeit. Der Sehnsucht, die aus Goethes Werken spricht, merkt man an, wie dem, der hinter ihr steht, bei großer Wärme doch das Überschwängliche fern lag. Auch in Mörikes Dichtungen tritt uns nie ein zielloses Trachten und Suchen entgegen. Ihm ist die wirklich romantische Sehnsucht ebenso fremd wie Goethe, mit dem er auch im Allgemeinen die reale Färbung des Erstrebten wie kaum ein anderer teilt.

Der prächtige „Alte Turmhahn" ist wie Goethes meisterhafte Schilderung seines den Rahmen für seine Kindheit abgebenden Vaterhauses in „Dichtung und Wahrheit" das Produkt des Heimwehs nach einer Stätte, wo man glücklich war, und wo in der Rückerinnerung jede Stufe und jeder Winkel eine seltsam poetische Bedeutung bekommt. In Cleversulzbach hatte Mörike in harmonischer Ruhe und

regelmäßiger Pflichterfüllung ein m ä ß i g e s , aber g e r a d e
d a r u m i h n g a n z b e f r i e d i g e n d e s Glück gefunden;
und es ist rührend zu sehen, wie der Dichter, nachdem ihn
später Krankheit nur zu schnell aus Cleversulzbach vertrieben, die Stätte seines gewesenen Glückes sich fast Steinchen um Steinchen im „Alten Turmhahn" wiedererbaut.

Es ist überhaupt interessant zu sehen, wie Goethe und
Mörike das einst genossene Glück, auch wenn dieses zeit-
weise nur in harmonischer Lebensruhe bestand, im Gegensatz zu vielen anderen Dichtern zu schätzen wissen. – S i e
v e r w e i l e n n i c h t w i e n e r v ö s e D i c h t e r g e r n e i m
Z u k ü n f t i g e n , s i e e r b a u e n s i c h i n i h r e n We r-
k e n n i c h t , w i e e s o f t d i e s e t u n , L u f t s c h l ö s-
s e r k ü n f t i g e n G l ü c k e s , s o n d e r n d i e Ve r g a n-
g e n h e i t i s t i h r l i e b s t e r B e s i t z , d e m E r l e b t e n
g e h ö r t i h r k ü n s t l e r i s c h e s K ö n n e n . – A u c h b e i
M ö r i k e i s t d a s S e h n s u c h t s z i e l w i e b e i G o e t h e
i m m e r b e s t i m m b a r . Nachdem Nolten Agnes aufgege-
ben hat, wird man im Laufe der Erzählung allerdings das
Gefühl nicht los, dass der Held sich meistens in einer Sehn-
suchtsbestimmung befindet, die eines Zieles ermangelt.
Nach Agnes sehnt er sich nicht mehr, denn die ist fürs Erste
abgetan. Dass ihn die Liebe zu Konstanze dauernd befriedigt hätte, erscheint zweifelhaft, denn erstens ist Nolten für
Konstanze überhaupt nicht reif genug, und dann scheint
bei Noltens schnell erwachender Zuneigung zu ihr das
Gefühl einer gewissen, für ihn unerträglichen Leere mitzu-
spielen. Nachdem durch die Intrige des Herzogs Adolf ihm
dann auch Konstanze verloren ist, beschließt Nolten, nun
gar fürderhin auf irdisches Glück zu verzichten. Zu diesem
Verzicht aber kommt nur ein Mensch, dessen Sehnsuchtsziel sich in unerreichbare Ferne verloren hat, über den mit
einem Wort die romantische Sehnsucht gekommen ist.
Z u r E r l a n g u n g d e s e r r e i c h b a r e n Z i e l e s b e d a r f

es der Handlung, zum Genusse der unerreich-
baren führt nur eines: der Traum.

In diesen – das ziellose Hin- und Herziehen der roman-
tischen Helden von Tieck bis Eichendorff ist nur eine
dichterische Form desselben – müsste sich nach dem
Glücksverzicht Noltens die Handlung der Erzählung in
Bezug auf seine Person auflösen. Es geschieht nicht, weil
Mörike, hierin Goethe gleich, dem Kranken nicht
empfiehlt, das Leben zu fliehen, sondern sich
zum mäßigen Gebrauche desselben in das
Leben wieder hineinzufinden. Hören wir, wie
Mörike selbst sich zu der romantischen Wendung im
Innenleben seines Helden stellt. Larkens sagt zu Nolten[36]: „Wo dich eigentlich der Schuh drückt, ist mir ganz
wohl bekannt. Deine Liebeskalamitäten haben dich auf
dem Punkt ein wenig revoltiert, nun ziehst du dich so
schmerzhaft zurück und sagst dir unterwegs zum Troste:
‚Du bringst deiner Kunst ein Opfer' ... Wie? Du ein Maler
willst eine Welt hinstellen mit all ihrer tausendfachen
Wonne und Pein und steckst dir vorsichtig die Grenzen
aus, wie weit du wollest dich mitfreuen und -leiden? – Ich
sage dir, das heißt die See befahren und sein Schiff nicht
wollen vom Wasser netzen lassen." Und Nolten in seiner
Antwort: „Muß nun einmal Sehnsucht das Element des
Künstlers sein, warum bin ich zu tadeln, wenn ich darauf
denke, mir dies Gefühl so ungetrübt und jung als möglich
zu bewahren, indem ich freiwillig verzichte, ehe ich ver-
liere, eh' ich es zum zweiten und dritten Mal dahin kommen lasse, daß die gemeine Erfahrung mir mein blühend
Ideal zerpflücke." Darauf Larkens: „Und was gilt es, ich
bringe dich noch zurechte, wenn ich nur erst deine tollen
Prätensionen herabgestimmt habe. Wer heißt dich Ideale

---

36   Maler Nolten S. 340ff.

im Kopfe tragen, wo von Liebe die Rede ist? – Bei allen Grazien und Musen! ein gutes und natürliches Geschöpf, das dir einen Himmel von Zärtlichkeit, voll aufopfernder Treue entgegenbringt, dir den gesunden Mut erhält, den frischen Blick in die Welt; dich freundlich losspannt von der wühlenden Begier einer geschäftigen Einbildung und dich zur rechten Zeit hinauslockt in die helle Alltags sonne, die doch dem Weisen wie dem Toren gleich unentbehrlich ist. Was willst du weiter?" – Wir könnten hier wieder im Zweifel sein, hinter wem von beiden wir Mörike zu suchen haben, ob er hinter dem Verzicht Noltens oder hinter den Mahnworten des Larkens steht. Dieses Zweifels enthebt uns gleich folgende Stelle: „Nolten sah schweigend vor sich nieder und sagte endlich: ‚Es gab eine Zeit, wo ich ebenso dachte.‘ Er wandte sich erschüttert auf die Seite, ging mit lebhaften Schritten durch den Saal und ließ sich dann erschöpft auf einen entfernten Stuhl nieder."

In dieser kurzen plastischen Szene stellt sich Mörike auf die Seite Larkens. Nolten streckt die Waffen. „Es gab eine Zeit, wo ich ebenso dachte." Er wendet sich erschüttert auf die Seite. Die Sehnsucht nach der hellen Alltagssonne steigt aufs Neue in ihm auf. Die Erzählung nimmt ihre Wendung.

Wenn wir in dem Mörikischen Gedicht „Im Frühling" einen Vers finden wie:

> *„Ich denke dies und denke das,*
> *Ich sehne mich und weiß nicht recht nach was*
> *Halb ist es Lust, halb ist es Klage,*
> *Mein Herz, o sage*
> *Was webst du für Erinnerung*
> *In golden grüner Zweige Dämmerung.*
> *– Alte unnennbare Tage …"*

so konnte es allerdings scheinen, als begegneten wir hier einem Ausdruck spezifisch romantischer Sehnsucht. „Ich sehne mich und weiß nicht recht nach was", könnten in der Tat die echtesten Romantiker von sich sagen. Wir sehen aber sogleich an dem folgenden Vers, dass irgendwelche Erinnerungen, die der Dichter aus einer gewissen geschmackvollen Zurückhaltung heraus nicht nennt, das Sehnen in ihm aufsteigen lassen. Wir haben ganz ähnlich wie bei Goethe kein Verlieren in unermessliche Fernen, sondern eine wehmütige Rückerinnerung an alte unnennbare Tage, der auch in ganz ähnlicher Weise Goethe sich hingibt, wenn er in der Zuneigung seines Faust sagt:

> *„Ihr bringt mit euch die Bilder froher Tage*
> *Und manche liebe Schatten steigen auf*
> *Gleich einer alten, halbverklungenen Sage*
> *Kommt erste Lieb' und Freundschaft mit herauf."*

In seinen Jugendprodukten oft rein romantisch anmutend, empfand Mörike doch zu Goethisch, als dass er im Laufe seiner Entwicklung ernstlich in die Fehler der Romantiker verfallen konnte.

So macht er, während die Romantiker uns weltflüchtig in das Paradies ihrer Träume lockten, unsere eigene Heimat, die Erde selbst zum Paradiese.

III.

Eine der liebenswürdigsten und für künstlerische Individualität des Dichters wichtigste Seite des Goethischen Wesens ist seine aus seiner ganzen Lebensauffassung entspringende Neigung, allem eine gewisse versöhnliche Seite abzugewinnen. Er hadert weder mit dem Geschick noch mit den Menschen. Er nimmt die Dinge gern, wie sie sind und nicht, wie sie sein sollten. Dies Moment des Konzilianten hat seine zwei Seiten. Es wurzelt in einer positiven und negativen Seite des Goethischen Wesens. Goethe ist, um das Negative vorauszunehmen, im Gegensatz zu Schiller nicht nur kein Erzieher, sondern kein Kämpfer. Man geht nicht zu weit, wenn man behauptet, dass Goethe in die widrigen Lebenskämpfe Schillers gestellt, wahrscheinlich zugrunde gegangen wäre. Hinter dem „Gebet", hinter dem wir einen klaren Ausdruck von Mörikes Lebensauffassung zu finden glaubten, steht ein ganz ähnliches negatives Moment seines Wesens. Wer aufmerksam die kürzlich erschienenen Biographien[37] [38] über ihn liest, wird das in jeder Lebensphase bestätigt finden.

Bei Mörike ist dieser Mangel an Initiative noch viel ausgesprochener. Er geht in seinem Leben oft so weit, uns den Dichter in dieser Hinsicht etwas unsympathisch zu machen. Was bei dem Großen als liebenswürdige Schwä-

---

37 Karl Fischer, Ed. Mörikes Leben und Werke (1901).
38 Harry Maync, Ed. Mörike (1902).

che erscheint, wird bei dem Kleineren zuweilen zum aus-
gesprochenen Fehler. Doch man muss gerecht sein. Man
darf nur einen Blick auf die Jugendstätten der beiden Dichter werfen, um zu verstehen, wie bei den beiden die von
der Natur vielleicht ziemlich gleich bemessene Schwäche
verschiedene Gestalt annimmt.

Während der junge G o e t h e in Leipzig die Freiheit des
jungen Studenten genießt und dann in Straßburg einem
Mann wie H e r d e r persönlich nähertreten darf, während
ein freundliches Geschick diesem fast täglich neue Lebens-
und Jugendfreuden in den Schoß wirft, sitzt der junge
Mörike zwischen den lebensfremden, kahlen Wänden des
Tübinger Stifts, das ihm doppelt fremd bleiben muss, denn
ihm fehlt das beides, was allein den Aufenthalt in demselben angenehm oder gar lieb machen könnte: Begeisterung
für sein Studium und Verständnis für die in diesen Kreisen etwas philiströs gefärbten Studentenvereinigungen.
Mancher Student, der dieser beiden Dinge ermangelte, hat
Selbstvertrauen und Initiative genug gehabt, eine Stätte zu
verlassen, die ihm nichts mehr bieten konnte, auch wenn
es sich darum handelte, das enthaltsame Leben im Stift mit
einem widrigen und sorgenvollen Kampf um die Existenz
zu tauschen.

M ö r i k e hatte das nie getan. Auch später fehlt es ihm oft
an dem nötigen Wagemut. Als ihm, der sich mit seiner kleinen Lehrerstellung am Katharinenstifte[39] nicht befriedigt
fühlen konnte, und der von sich sagt, dass er weder eine Pre-
digt mit Zufriedenheit ausgearbeitet noch gehalten habe,
die Aussicht eröffnete, Redakteur zu werden, konnte er sich
zu diesem Schritt nicht entschließen. Er wollte weder sich
selbst noch die Seinen auf eine unsichere Existenz stellen.[40]

---

39   Karl F i s c h e r, Eduard Mörikes Leben und Werke. Berlin 1901. S. 182ff.

40   a. a. O., 191.

Es ist interessant zu sehen, wie Mörike auch in solchen Dingen Goethe nicht unähnlich ist. Goethe lässt sich doch in der Zeit nach seinem Straßburger Aufenthalt mehr als für einen jungen Mann seines Alters und Könnens billig, von seinem Vater zu Arbeiten und in Bahnen drängen, zu denen er kein innerliches Verhältnis hat.

Auch später hat Goethe, ein Freund harmonischer Ruhe, oft Mangel an Wagemut gezeigt. Weshalb verlässt er später Italien, wenn ihm die Fahrt über die Alpen wie eine Reise in die Verbannung erscheint? Italien ist für Goethe damals das Paradies, und nur bestimmt geartete Menschen werden das verlassen, ohne daraus vertrieben zu sein. Er geht nach Weimar, weil er nicht den Wagemut hat, sein Leben in eine ihm zusagendere, aber durch ihre Unsicherheit unruhiger wirkende Sphäre zu versetzen. Aber dieser Mangel an Wagemut birgt bei Goethe und Mörike eine Seite in sich, die ihnen auch einen positiven, gerade ihnen beiden ganz eigentümlichen Vorzug verschafft. Sie haben beide – und bei Goethe ist das nicht genug zu bewundern – die Konsequenz ihrer eben beschriebenen Schwäche gezogen, sie sind sich der Grenzen ihrer Persönlichkeit bewusst geworden. Das ist die notwendige Voraussetzung der Lebensauffassung, die wir die Goethische genannt haben und die uns auch Mörike entgegentritt. Nur wer sich der Grenzen seiner Persönlichkeit klar bewusst geworden ist, wird so konziliant wie Goethe sein und es ist überraschend zu sehen, wie vielfach wiederum aus dem Mörikischen Stile dies Moment des Konzilianten hervorleuchtet und oft ganz Goethische Gestalt annimmt.

In seiner Novelle „Mozart auf der Reise nach Prag" sagt Mörike, nachdem er auf den betrübenden Umstand hingewiesen, dass der große Musiker wohl nie zu reiner innerer Zufriedenheit gekommen ist, Folgendes[41]: „Wer die Ursachen dieser Erscheinung nicht etwa tiefer suchen will, als sie vermutlich liegen, wird sie zunächst in jenen, wie es scheint, unüberwindlich eingewohnten Schwächen finden, die wir so gern, und nicht ganz ohne Grund mit alle dem, was an Mozart der Gegenstand unserer Bewunderung ist, in eine Art notwendiger Verbindung bringen."

Man wird lange bei andern Dichtern suchen müssen, bis man eine Stelle findet, die äußerlich und innerlich, sich so G o e t h i s c h darstellt wie diese. – Äußerlich, denn es sieht jeder Kenner G o e t h i s c h e r Prosa sofort, dass wir es hier mit einem hübschen Beispiel G o e t h i s c h e n Satzbaues zu tun haben. M ö r i k e erscheint in der prosaischen Diktion überraschend stark von Goethe beeinflusst.

Wichtiger als dies ist G o e t h e innerlich verwandte Seite, die deutlich aus dieser Stelle spricht. M ö r i k e s i e h t h i e r M o z a r t m i t G o e t h e s A u g e n a n, e r m i s s t i h n m i t d e m s e l b e n M a ß s t a b, m i t d e m G o e t h e d e n M u s i k e r g e m e s s e n h ä t t e, M ö r i k e i s t w i e G o e t h e k o n z i l i a n t. D a s G o e t h i s c h e a b s o l u t e G e r e c h t s e i n w o l l e n – d e m w i r b e i s p i e l s w e i s e i n G o e t h e s b i o g r a p h i s c h e n S c h r i f t e n a u f S c h r i t t u n d T r i t t b e g e g n e n – l e u c h t e t u n s h i e r a u s j e d e m S ä t z c h e n e n t g e g e n. Wie vorsichtig sind hier bei M ö r i k e die Worte gewählt und gestellt. Und dann noch die charakteristischen kleinen eingeschobenen Sätze wie „als sie vermutlich liegen", „wie es scheint", „nicht ganz ohne Grund". M a n m e r k t d i e s e n W o r t e n d e u t l i c h a n, w i e d e r S c h r i f t s t e l l e r, d e r s i e w ä h l t e, s e i n e m H e l d e n g e g e n ü b e r g e r e c h t s e i n w o l l t e. M ö r i k e nennt die Schwächen M o z a r t s

---

41   M ö r i k e, Mozart auf der Reise nach Prag. Stuttgart 1856. S. 10.

„unüberwindlich eingewohnt" und lehrt uns dieselben mit der Persönlichkeit des Musikers „in eine Art notwendiger Verbindung" zu bringen. Er nimmt also – wie G o e t h e es den Menschen gegenüber immer tut – hier M o z a r t als ein unkorrigierbar fest gegebenes Wesen. Wie sehr dies Moment des Konzilianten M ö r i k e schon in seinen ersten Jünglingsjahren innewohnt, das kann man nach dem Verständnis beurteilen, mit dem er gerade die Seite des Konzilianten an G o e t h e schon als junger Seminarist in Urach erkannte und schätzte. „Es tut einem wohl", so lesen wir in einem aus Urach datierten Briefe M ö r i k e s über „Dichtung und Wahrheit" an seinen Jugendfreund W a i b - l i n g e r[42] „den Großen so menschlich zu sehen, man meint keine Ursache zur Schüchternheit zu haben, fühlt sich ihm näher gebracht, wenn man hier liest, wie er so umgänglich und menschlich war; an jedem in seiner Umgebung findet er etwas Gutes."

Ganz wie es hier von G o e t h e hervorgehoben wird, sieht auch Mörike selbst vor allem das Gute, und selbst an sich durchaus harmonische Menschen erscheinen in seiner Beurteilung in einem milden, harmonischen Licht[43]: „Ich will", schreibt er an M ä h r l e n auf dessen trockene Mitteilung von dem Tode W a i b l i n g e r s, „nichts dagegen sagen, aber man fällt im Vaterland so grausam und mit so gemeinem Haß über seine Leiche her, daß es mich erquickt hätte, von solchen, die ihn näher kannten, eine versöhnende Stimme zu vernehmen; ich habe ihm eine herzliche Träne nicht versagen können und einer halben Ewigkeit vorgreifend, sah ich seinen Geist im gereinigten Lichte blühen."

---

42 Abgedruckt bei H e r m a n n F i s c h e r, Beiträge zur Literaturgeschichte Schwabens I. S. 155.

43 Abgedruckt bei K a r l F i s c h e r, Eduard Mörikes Leben und Werke. Berlin 1901. S. 90.

Wenn wir im „Maler Nolten"[44] den schon einmal zitierten Satz betrachten: „Hier ist eine durchaus seltene Richtung der Phantasie; wunderbar, phantastisch und in einem angenehmen Sinne bizarr", so fällt außer dem Moment des Gerechtseinwollens, das auch aus dem Stil dieser Stelle spricht, außerdem ein Moment des Abwägenden auf, das Mörike bei der Beurteilung künstlerischer Dinge mit Goethe gemein hat. Dieses „in einem angenehmen Sinne bizarr" muss in seiner abwägenden und gleichzeitig etwas überlegenen Färbung durchaus Goethisch genannt werden.

Hierher gehört eine andere für Mörikes Schöpfungen überaus charakteristische Seite seines Stiles. Es ist der Blick auf das Allgemeine. Goethe geht, wie das oft betont worden ist, vom Besondern zum Allgemeinen,[45] und das scheint Mörike in ganz gleicher Weise zu tun. Vom Maler Nolten sagt Mörike[46]: „Und ein Streben nach voller geistiger Gesundheit beurkundete sich zeitig in der mehr und mehr zum Allgemeinen aufsteigenden Richtung seiner Kunst ..." Wer wird da nicht an den bekannten Brief Schillers an Goethe vom 23. August 1794 erinnert, in dem es unter anderem heißt: „Sie nehmen die ganze Natur zusammen, um über das Einzelne Licht zu bekommen; in der Allheit ihrer Erscheinungsarten suchen Sie den Erklärungsgrund für das Individuum

---

44 Maler Nolten S. 5.

45 Scherer führt freilich aus (vgl. S. 771 seiner Literaturgeschichte), dass Goethe erst in der dritten Epoche seines Lebens zum Typischen gekommen sei. – In der ersten habe er das Individuelle gesucht. Dem gegenüber wäre zu betonen, dass Götz von Berlichingen und der Reiterjunge Georg, um zwei Gestalten herauszugreifen, durchaus als typische Vertreter ihrer Gattung sich darstellen. Dasselbe dürfte von Werthers Lotte gelten.

46 Maler Nolten S. 260.

auf ..." Freilich ist die Allgemeinheit, wie sie G o e t h e mit seinem Künstlerauge umfasst, um vieles größer als die M ö r i k e s. Aber es handelt sich nicht um das Maß, sondern um die Weise. „Jeder Charakter, so eigentümlich er sein möge, und jedes Darzustellende vom Stein herauf bis zum Menschen hat Allgemeinheit; denn alles wiederholt sich, und es gibt kein Ding in der Welt, das nur einmal da wäre." So sagt G o e t h e, und so hat er die von ihm geschaffenen Gestalten gesehen. Im „Maler Nolten" heißt es bei einer Beschreibung der Braut Noltens: „B r ä u t e, deren Väter vom Forstwesen sind, haben vor anderen in der Einbildung i m m e r einen Reiz voraus, entweder durch den Gegensatz von zarter Weiblichkeit mit einem mutigen, nicht selten Gefahr bringenden Leben, oder weil selbst an den Töchtern noch der frische freie Hauch des Waldes zu haften scheint; es sucht überdies die gemeinschaftliche Farbe grün solche Ideen gar gefällig zu vermitteln. Nur das letzte litt eine Ausnahme bei Agnesen, welche die Eigenheit hatte, daß sie diese muntere Farbe in der Regel nicht und nur sehr sparsam an sich leiden mochte." An dieser Stelle haben wir ein hübsches Beispiel, wie auch M ö r i k e vom B e s o n d e r e n auf das Allgemeine g e h t. Bei Mörikes Sinn für das Plastische stand dem Dichter sicher, als er diese Stelle schrieb, Agnes in ihrer körperlichen Wesenheit vor den Augen. Er hat es nur mit dieser Agnes, der Geliebten Noltens, zu tun. Aber er erkennt, wie das G o e t h e immer tut, das an ihr, was diese Agnes mit der Försterstochter schlechthin gemein hat, er deutet das an, was sie – „sie mag die muntere Farbe an sich nicht lieben" – von dieser unterscheidet. So kommt M ö r i k e das für jedes plastische Heraustreten unentbehrliche Individuelle und gleichzeitig das Generelle gebend zu dem, was auch G o e t h e immer im Auge hat, d e m T y p u s. Im „Maler Nolten" sind fast alle Personen in ihrer Art typisch. Agnes gehört ohne Zweifel zu demselben Typus, dem auch Goethes Friederike angehört. Von dem Vater der Agnes sagt Mörike: „Von dem Vater, den wir im allgemeinen schon kennen, sagen wir bei dieser Gelegenheit nur so viel: ‚Es war ein Mann von gutem, geradem Verstande, sein ganzes Wesen von bestem Korn, und während die eigensinnige Strenge seines Charakters durch die äußerste Zärtlichkeit gegen seine Tochter auf eine liebenswürdige Weise gemildert schien, so war dagegen der Schwiegersohn der einzige Mensch, vor dem er einen unbegrenzten Respekt fühlte ...“ – Wiederum ein ausgesprochener Typus. Er gehört zu denen, von denen Hebbel sagt[47]: „Es gibt keinen ärgeren Tyrannen als den gemeinen Mann im häuslichen Kreise“, wir haben einen jener Männer vor uns, die im Allgemeinen wortkarg, zum Zorne geneigt, aber für die, die einmal von der Natur unter ihren Schutz gestellt sind, eine Zärtlichkeit zeigen, die zu ihrem sonst starren Wesen prächtig steht. Es ist der Typus, dem wir in Dramen wie dem Lenzischen „Hofmeister“ und H. L. Wagners „Kindesmörderin“ begegnen, und deren vollendetste Vertreter neben dem Musiker Miller Hebbels Meister Anton und Otto Ludwigs Erbförster sind.

Auch die Gestalt des Larkens scheint als Typus wohl gelungen. Bei der genaueren Betrachtung des Mörikeschen Romans in seinem Verhältnis zu dem Goethischen werden wir auf diese Figur zurückkommen. Hier sei nur hervorgehoben, dass Larkens trotz seiner im Grunde recht unwahrscheinlichen Handlungsweise so realistisch wirkt, weil man dem Typus, den er vertritt, gerade im moderneren Leben nicht selten begegnet.

Die große künstlerische Wirkung, die ein Gedicht wie „das verlassene Mägdelein“ her-

---

47   Hebbels Tagebuch I, S. 57.

vorbringt, lässt sich vielleicht auch zum guten Teile von diesem Gesichtspunkt aus erklären. Durch die einfache Wendung „muß ich am Herde stehen" wird auf das Glücklichste die Fiktion des Besonderen erweckt, die dann durch die bedeutende Plastik der ganzen Situation noch gehoben wird. Aber auf das allgemeine Publikum hat gerade dies Gedicht immer eine ganz besondere Wirkung ausgeübt, weil es seinem inneren Stile nach durchaus von dem Besonderen auf das Allgemeine geht. Hinter diesem verlassenen Mägdelein steht die unendlich lange Reihe der Mädchen, die auch so treulos verlassen sind. Und wenn einem von diesen Mädchen dies Gedicht in die Hände fällt und sie es in Stille und mit nötiger Andacht liest, dann wird sie sich selbst wiederfinden und ihr werden die Tränen herniederstürzen wie dem Mägdelein im Liede.

Es sei darauf hingewiesen, wie sehr solche Gedichte wie dies „verlassene Mägdelein" durch ihren auf das Allgemeine gerichteten Stil mit dem eigentlichen Wesen der Musik verwandt sind. Der Ton hat im Gegensatz zum Wort keine Geschichte und daher nicht das Konventionelle, das dem Wort im Vergleich zum Ton als künstlerischem Ausdrucksmittel seiner Herkunft und Entwicklung nach nun einmal anhaftet. Der Ton vermittelt uns daher das Innere des Künstlers im Allgemeinen doch noch unverfälschter, eine gute Komposition wird uns das Individuelle und Besondere des Komponisten am klarsten erkennen lassen. Aber es liegt im Wesen der Musik diesem Besonderen sofort allgemeine Formen zu verleihen; die Musik legt also den von Goethe erstrebten Weg, von dem Besonderen zum Allgemeinen zu schreiten, ganz von selbst zurück. Seinem Tiefsten und

Innerlichsten glaubt der Komponist im Liede Gestalt zu geben, aber die Eigenart seiner Kunst trägt ihn sogleich auf eine Höhe, von der er, selbst nur sein Inneres suchend, doch die ganze Menschheit gleichzeitig überschauen muss. So finden Tausende in dem Liede des Einen ihr Glück und ihre Schmerzen wieder. –

In Goethes Gedicht „An den Mond", haben wir ein herrliches Beispiel, wie bei diesem Dichter das Lied seinem innern Gehalt nach zur musikalischen Komposition werden kann. Der Anfang des Liedes ist durchaus individuell. Nur einen Menschen, den Dichter, sehen wir in der mondscheindurchglänzten Einsamkeit schreiten. – Nur seine Vergangenheit steigt vor ihm auf, und nur ihm rauscht der Fluß entgegen. Die milde Harmonie der ihn umgebenden Mondscheinnacht lässt ihm auch den Menschen harmonische Milde empfehlen:

„Selig, wer sich vor der Welt
Ohne Haß verschließt,
Einen Freund am Busen hält
Und mit dem genießt,

Was von Menschen nicht gewußt,
Oder nicht bedacht,
Durch das Labyrinth der Brust
Wandelt in der Nacht."

In der letzten Strophe wird alles Konkrete abgestreift, der Dichter ist in der Allgemeinheit aufgegangen, an die Stelle des Menschen tritt die Menschheit, Goethe schreitet mit dem Tondichter auf derselben die Gesamtheit überschauenden Höhe.

IV.

Ein Goethe innerlich so nah verwandter Dichter, wie
sich uns Mörike nach dem bisher Gesagten darstellt,
wird auch dem direkten Einfluss Goethes besonders
zugänglich gewesen sein. Hatte Mörike doch in Goethe das Beispiel vor sich, wohin man, von einer auch ihm
eigenen Empfindungsweise ausgehend, kommen konnte,
wenn eine Größeres umfassende künstlerische Persönlichkeit dahinter stand. Wir glauben ihm also gerne, wenn
er gelegentlich immer wieder betont, wie sehr Goethe
schätzte, und nicht müde wurde, sich dem Genusse seiner
Dichtungen immer von Neuem hinzugeben. In Goethe
trat Mörike das von ihm innerlich Erstrebte in seiner
höchsten künstlerischen Vollendung entgegen und mit
hieraus wird sich der bemerkenswerte Umstand erklären
lassen, dass Mörike sich in der Produktion von Dichtwer-
ken eine Zurückhaltung auferlegte, die mit seinem Können an sich in Widerspruch steht. Sich selbst gegenüber
vielleicht allzu strenge – man denke nur an sein Verhalten
dem „Maler Nolten" gegenüber – wird er sich im Verlauf
seiner Entwicklung immer klarer bewusst geworden sein,
was ihn von seinem Vorbilde Goethe trennt. Er wandelt
auf derselben Straße, auf der einst der Künstler Goethe
geschritten war, er strebt nach dem Endziel dieses Weges,
das einst Goethe die harmonische Vollendung gab und
das dessen künstlerischem Gewissen schließlich Ruhe und
Frieden schenkte. –

So befindet sich Mörike auf dem richtigen Wege,
denn er geht, wie wir gesehen haben, von demselben

Ausgangspunkt aus, von dem auch Goethe zu künstlerischem Schaffen schreitet, aber es fehlt ihm die Kraft, ganz ans Ziel zu kommen, wo es sich um größere Werke handelt. So findet er diesen Werken gegenüber nicht den Frieden, er kann die Bewunderung, die ihm der „Maler Nolten" von vielen Seiten einbringt, nicht verstehen, denn ihn beherrscht das Wesen der Goethischen Kunst und an dieser misst er seine Werke!

Es sei hier bemerkt, wie Mörike auch der praktischen Ausnutzung seines künstlerischen Könnens genauso gegenübersteht, wie das Goethe von sich bekannt hat. Nach langen Verhandlungen kam im Jahre 1828 mit dem Buchhändler Frankh in Stuttgart ein Abkommen zustande, durch das Mörike gegen ein Jahresgehalt von 600 Fl. für eine belletristische Zeitung stehender Mitarbeiter wurde. Doch schon in wenigen Wochen bereute Mörike diesen Handel und versuchte, sich von ihm zu lösen. „Das, was ungefähr von Poesie in mir steckt", schreibt er hierüber in einem Briefe an Bauer[48], „kann ich nicht so tagelöhnermäßig zu Kauf bringen. Ich bin, wenn ich mich zu so einer Arbeit hinsetze, auch schlechterdings nicht imstande, tief aus der Seele einen Anlauf zu nehmen, einen freien unbefangenen Zug der Begeisterung zu bekommen, wie es doch sonst bei mir ist oder war, wenn ich für mich oder gleichsam für gar niemanden etwas unternahm. Gleich verkleinert und schwächt sich alles, was eben noch frisch in mir aufsteigen wollte, von dem Augenblick, wo ich fühle, daß ich es für die Zeitung machen soll, und daß man auf mich wartet." Wenige Tage darauf schrieb Mörike an Spindler wegen Auflösung des Vertrags.

---

48   Abgedruckt bei Karl Fischer, E. Mörikes Leben und Werke. Berlin 1901. S. 82ff.

Mörike nimmt also hier genau denselben Standpunkt ein wie Goethe, wenn dieser von der Mitteilung seiner Poesien erzählt[49]: „Meine frühere Lust, diese Dinge nur durch Vorlesungen mitzuteilen, erneut sich wieder, sie aber gegen Geld umzutauschen, erschien mir abscheulich."

Es ist interessant zu sehen, wie diese Abneigung gegen geschäftliche Ausbeutung ihrer Kunst beide Dichter zu einem Schritte bestimmt, der für beide ganz charakteristisch ist und für die äußerliche Gestaltung ihres Lebens bei beiden von gleich wichtiger Entscheidung war. Mörike schreibt über die eben erwähnte Frankhsche Sache noch an Mährlen folgendermaßen[50]: „Der ganze Frankhsche Handel wird wieder von mir aufgesteckt. Ich bin die letzten Wochen hier krepiert vor Ekel an der Sache und vor Zorn über die Blindheit, worin ich mich bereden konnte, daß ich mir jemals auch nur ein Vierteljahr bei diesem Geschäft gefallen konnte, ohne daß meine Poesie sich die Schwindsucht hole ... Und nun soll wie ein Donnerschlag das Wort auf Dich fallen: Ich gehe mit zehnmal mehr Lust und Willen auf das Vikariat, als ich es verließ ... und dann im Sturmschritt auf die Hohenstaufen los ... Wie Schuppen fiel's mir von den Augen, daß ich alle jene Pläne, die mein Herz erfüllen, auf keinem Fleck der Welt (wie nun eben die Welt ist) sicherer und lustiger verfolgen kann als in der Dachstube eines württembergischen Pfarrhauses. Gelt? das heißt sich aufs Maul geschlagen gegen meine früheren Briefe! ‚Es irrt der Mensch, so lang er strebt.'" –

Bald darauf erhält Mörike das Vikariat Pflummern und sieht dies seiner Mutter gegenüber als eine „kaum verdiente Huld des Schicksals" an. Was tut hier Mörike?

---

49   Dichtung und Wahrheit, IV. Teil.

50   Abgedruckt bei Karl Fischer, E. Mörikes Leben und Werke. S. 83.

Er kehrt in das ihm noch vor Kurzem unerträglich scheinende Pfarramt zurück. Goethe erzählt von sich[51]: „Da jedoch die Natur, die dergleichen größere und kleinere Werke unaufgefordert in mir hervorbrachte, manchmal in großen Pausen ruhte, so trat mir der Gedanke entgegen, ob ich nicht von der andern Seite das, was menschlich, vernünftig und verständig an mir sei, zu meinem und anderer Nutzen und Vorteil zu gebrauchen und die Zwischenzeit den Weltgeschäften widmen und nichts von meinen Kräften ungebraucht lassen sollte. Ich fand dieses mit meinem Wesen, mit meiner Lage so übereinstimmend, daß ich den Entschluß faßte, auf diese Weise zu handeln und mein bisheriges Schwanken und Zaudern dadurch zu bestimmen. Sehr angenehm war mir zu denken, daß ich für wirkliche Dienste von den Menschen auch reellen Lohn fordern, jene liebliche Naturgabe dagegen als ein Heiliges uneigennützig auszuspenden fortfahren dürfte." –

Goethe entschließt sich also zu der Übernahme seines Postens in Weimar aus dem gleichen Grunde, aus dem Mörike sich dem Pfarramt wieder zuwendet. Beide Dichter stellen sich in gleicher Weise auf den Boden realer, Gewinn tragender Pflichterfüllung, um in ihrer Kunst von jedem Erwerbszweck absehen und sie als Feiertagsübung betrachten zu können.

Auch bei Mörike brachte die Natur die größeren und kleineren Kunstwerke, wie es Goethe von sich erzählt, unaufgefordert hervor. Wenn Mörike Mozart erzählen lässt, wie er, als er einst bei einer Komposition das Rechte nicht habe finden können, die Sache einfach fallengelassen

---

51   Dichtung und Wahrheit, IV. Teil, 16. Buch.

habe, bis ihm nach Monaten das Richtige ganz von selbst und unaufgefordert kam, so legt er ohne Zweifel dem eigene künstlerische Erfahrungen zugrunde. „Weil man im geringsten nichts erzwingen soll"[52], sagt Mörike; wir brauchen nur an die Entstehungsgeschichte des „Faust" und des „Tasso" zu denken, um uns zu vergegenwärtigen, wie Goethe ebenso jedem Erzwingen bei künstlerischer Produktion abhold war. Sicher hat neben der Scheu vor gewerbsmäßiger Ausnutzung ihrer Kunst auch dies Moment beide Dichter dazu bestimmt, ein außerhalb des Künstlerischen liegendes Amt zu übernehmen.

Haben wir bis jetzt die sich mehr aus seiner menschlichen und künstlerischen Natur ergebende Verwandtschaft Mörikes mit Goethe betrachtet, so mögen wir uns nunmehr denjenigen Momenten seines poetischen Schaffens zuwenden, in denen zu den als Goethisch zu bezeichnenden Momenten des inneren Stiles auch eine äußerliche, direkte Beeinflussung durch Goethische Dichtungen hinzukommen scheint. Von einer Reihe lyrischer Gedichte vorerst abgesehen, offenbart sich diese Beeinflussung am deutlichsten im „Maler Nolten".

Überschauen wir den „Maler Nolten" in seiner Gesamtgestaltung, so lässt sich Folgendes sagen: Drei Werke Goethes haben offenbar gewisse Züge und Entwicklungsphasen des Mörikeschen Romans stark beeinflusst: „Wilhelm Meister", die „Wahlverwandtschaften" und die Sesenheimer Idylle in „Dichtung und Wahrheit". Dass Mörike sich eingehend mit der Lektüre dieser drei Werke gerade in der Zeit beschäftigt, in der er seinen Roman konzipierte

---

52   Vgl. Mozart auf der Reise nach Prag. Novelle v. E. Mörike. Stuttgart 1856. S. 55.

und schuf, ist von ihm selbst bezeugt[53]. Während dieser Zeit liest er abends im Bett immer wieder „Wilhelm Meister": „So oft ich", schreibt er[54] an Luise Ran, seine Braut, „eben eine Seite lese, wird es heller Sonnenschein vor meinem Geist, und ich fühle mich zu allem Schönen aufgelegt. Es setzt mich wunderbar in Harmonie mit der Welt, mit meinem Selbst, mit allem. Das dünkt mich, ist das wahrste Kriterium eines Kunstwerks überhaupt. Das tut Homer auch und jede antike Statue. Eine gute Gipsfigur muss einmal in unser Zimmer, das sage ich Dir. Dergleichen ist mir der einzige reinste Ableiter und Isolierschemel, und man wird es nie, niemals satt." In ebenderselben Zeit liest er mit Luise zusammen – G o e t h e war überhaupt ihre stehende, gemeinsame Lektüre – „Dichtung und Wahrheit"[55]. Die Wahlverwandtschaften sind für die fatalistischen Momente des Romans, die Sesenheimer Idylle für manche Züge der Agnes und ihres Milieus, der „Wilhelm Meister" für die Gesamtgestaltung des „Maler Nolten" von Einfluss gewesen. – Betrachten wir vorerst diejenigen Punkte, für die der „Wilhelm Meister" vorbildlich gewesen zu sein scheint.

Es liegt im Wesen des Kunstromans, wie er von G o e t h e im „Wilhelm Meister" begründet ist, wenn Nolten im Stile Meisters sich wiederholt eingehend über das Wesen der Kunst im Allgemeinen auslässt oder solche Erörterungen veranlasst. M ö r i k e verfällt hier offenbar durch das Beispiel G o e t h e s verleitet, in einen künstlerischen Fehler. Denn es treten bei G o e t h e und M ö r i k e, die in der Absicht, ihre künstlerischen Ideen im Gewande der Dichtung niederzulegen, der Figur Noltens und Wil-

---

53   Abgedruckt bei K a r l F i s c h e r, E. Mörikes Leben und Werke, S. 99.

54   Abgedruckt bei K a r l F i s c h e r, E. Mörikes Leben und Werke, S. 99.

55   Abgedruckt bei K a r l F i s c h e r, E. Mörikes Leben und Werke, S. 93.

helm Meisters zu viel Theoretisches verleihen, gerade die Haupthelden in ihrer plastischen Wirkung neben den anderen Gestalten der beiden Romane zurück. Es muss jedoch hervorgehoben werden, dass der „Maler Nolten" in dieser Hinsicht dem „Wilhelm Meister" gegenüber immerhin einen Fortschritt ins Realistischere bedeutet. Man darf überhaupt, um „Wilhelm Meister" richtig zu bewerten, nicht den Standpunkt gewisser Goethephilologen einnehmen, die alles, was Goethe geschrieben, für etwas Unantastbares erklären. „Wilhelm Meister" ist ein sei lehrreicher, bei vielen einzelnen Schönheiten aber in seiner äußeren Form durchaus unvollkommener Roman. Er gibt uns in der Gesamtform, in der er uns nun einmal vorliegt, von dem künstlerischen Wesen G o e t h e s, wie wir es als unveräußerlichen Besitz in uns tragen, nicht das richtige Bild. Das darf nicht vergessen werden, wenn wir gegen diejenigen Dichter, die gerade in der Form sich von „Wilhelm Meister" beeinflussen ließen, gerecht sein wollen.

„Wilhelm Meister" hat nun gerade auf die Gesamtgestaltung des Mörikeschen Romans einen starken, aber nicht immer glücklichen Einfluss ausgeübt. Die lose Nebeneinandersetzung zweier solch heterogener Stilmomente, wie es das R e a l i s t i s c h e und F a n t a s t i s c h e sind, lässt in beiden Romanen das Empfinden innerlicher Einheitlichkeit nicht recht aufkommen. M ö r i k e hätte wohl kaum ein seiner längst abgetanen, rein romantischen Kunstanschauung so angehörendes und durch seine Länge die Komposition seines Romans fast zersprengendes Stück wie „Orplid" in ein im Ganzen realistisch gefärbtes Kunstwerk hineingeschoben, wenn ihm nicht das Beispiel G o e t h e s mit Harfenspieler und Mignon vorgeschwebt hätte. Aber auch hier muss anerkannt werden, dass – von „Orplid" abgesehen – auch das an sich Absonderliche auf dem Boden des Wirklichkeitsscheins bleibt. Etwas so Fantastisches wie die

Genossenschaft des Turmes im „Wilhelm Meister" findet sich im Mörikeschen Roman nicht mehr.

Ganz von Goethe herübergenommen sind die äußerlichen Momente bequemer Technik. Wir finden wiederholt die Einschachtelungstechnik. Mitten in den Gang der Handlung wird eine fünfzig Seiten füllende Erzählung „Ein Tag aus Noltens Jugendleben"[56] eingeschaltet, ganz wie das Goethe im „Wilhelm Meister" und den „Wahlverwandtschaften" mit Tagebüchern oder Diarien gemacht hatte. Diese Einschachtelungstechnik findet sich auch in den meisten anderen größeren Dichtungen Mörikes. Seine Novelle „Lucie Gelmeroth" enthält eine den dritten Teil des Werkes füllende Einlage, die leicht zu vermeiden gewesen wäre. Auch die bequeme, lässige Manier, in der Mörike, sehr oft sich selbst heraustreten lassend, das Kommende nur lose mit dem Vorangegangenen verbindet und oft Wichtiges nur andeutend und sozusagen gelegentlich gibt, finden wir besonders in Goethes „Wilhelm Meister" wieder. Hier spürt man deutlich, wie fleißig der Dichter Goethe gelesen hat, denn ihm laufen nicht selten ganz Goethische Wendungen mit unter. Von Agnes sagt Mörike[57]: „Wie sehr das Mädchen unter solchen Umständen litt, von wieviel Seiten ihr Gemüt im stillen zerrissen und gepeinigt war, läßt sich wohl besser fühlen als beschreiben." Und an einer andern Stelle über Agnes[58]: „Nunmehr aber würden wir es unter der Würde des Gegenstandes halten und das Gefühl des Lesers zu verletzen glauben, wenn wir ihn mit den Leiden des Mädchens mehr als billig unterhalten wollten." Im „Wilhelm Meister" lesen wir[59]: „Deswegen sollen

---

56   a. a. O., S. 799.

57   Wilhelm Meister, Buch II.

58   Maler Nolten, S. 77.

59   Maler Nolten, S. 77.

unsere Leser nicht umständlich mit dem Jammer und der Not unseres verunglückten Freundes, in die er geriet, als er seine Hoffnungen und Wünsche auf eine so unerwartete Weise zerstört sah, unterhalten werden. Wir überspringen vielmehr einige Jahre und suchen ihn erst da wieder auf, wo wir ihn in einer Art von Tätigkeit und Genuss zu finden hoffen, wenn wir vorher nur kürzlich so viel, als zum Zusammenhang der Geschichte nötig ist, vorgetragen haben." Vergleichen wir diese Stelle bei Goethe mit den soeben angeführten bei Mörike, so zeigt sich auf den ersten Blick, dass sie zwei für beider Dichter Erzählungsstil charakteristische Momente gemeinsam haben. G o e t h e und M ö r i k e verzichten darauf – und das hängt mit der bereits gekennzeichneten Art zusammen, Regungen des Gemüts zu behandeln – die seelischen Leiden ihrer Helden in ein zu helles Licht zu ziehen. Sodann wird dieser Verzicht in einer Form ausgesprochen, der bei beiden die Persönlichkeit des Autors deutlich hervortreten lässt. Wenn Mörike später von der unglücklichen Konstanze sagt[60]: „Wir wagen es nicht, diesen Schmerz zu schildern", finden wir beides deutlich bestätigt.

Das Moment des persönlichen Heraustretens findet sich auch sonst überaus oft im Mörikeschen Romanstil und erinnert in seiner lässigen und dabei doch gefälligen Form durchaus an Beispiel Goethes in „Wilhelm Meister" und „Wahlverwandtschaften"[61]. Ganz charakteristisch ist es, wenn Mörike mitten in der Erzählung mit einem eingeschobenen Sätzchen wie „und dieser Meinung sind wir selbst"[62] zu der Handlung Stellung nimmt oder den Satz

---

60 Maler Nolten, S. 223.

61 Ich verweise hierfür besonders auf „Maler Nolten", S. 25, 66, 69, 223, 415, 534, 583. Siehe auch: „Mozart auf der Reise nach Prag", S. 10, 27, 37, 96 etc.

62 Maler Nolten, S. 98.

mit einem[63] „man gönne mir immer das Gleichnis" unterbricht. Auch Goethe bediente sich dieser eingeschobenen Sätze vielfach, um in ungezwungener Weise seine persönliche Meinung zu dem Vorgetragenen in ganz ähnlicher Weise erkennen zu lassen. Ein Satz im „Wilhelm Meister" wie[64]: „Wenn die erste Liebe, wie i c h allgemein behaupten höre, das Schönste ist", möge als Beispiel dienen. Wenn Mörike in seinem Roman eine neue Person mit einem: „Leopold, so nennen wir den Reisenden"[65] einführt, werden wir sofort an den Eingangssatz der „Wahlverwandtschaften" erinnert, wo es heißt: „Eduard – so nennen wir einen Baron im besten Mannesalter."

Auch die Art, wie Mörike manches für die Handlung Wesentliche oft nur im Vorbeigehen und andeutend gibt, findet im Goethischen Romanstil ein leicht erkennbares Vorbild. So lesen wir bei Mörike: „Wir sprechen, was das Mädchen hierbei empfand, in einer allgemeinen Bemerkung aus." Und an einer anderen Stelle[66]: „Überhaupt finden wir nun Zeit von der Tochter zu reden." Ebenso lesen wir in der Mozart-Novelle charakteristisch genug[67]: „Von diesem jungen Mann bemerken wir b e i l ä u f i g" und[68]: „doch solche Dinge lassen sich für die Erzählung kaum festhalten." – In ganz ähnlicher Weise überspringt Goethe, wie wir gesehen haben, „einige Jahre" und[69] „gibt nur soviel als zum Zusammenhang der Geschichte notwendig ist."

Wir haben schon darauf hingewiesen, wie G o e t h e und

---

63   a. a. O., S. 475.

64   Wilhelm Meister, Buch I.

65   Maler Nolten, S. 30.

66   Maler Nolten, S. 534.

67   Mozart auf der Reise nach Prag. Stuttgart 1856. S. 37.

68   a. a. O., S. 70.

69   Wilhelm Meister, Buch II.

Mörike als Künstler gerne die Allgemeinheit im Auge behalten. Im „Maler Nolten" äußerte sich dieser Sinn für das Allgemeine wiederum ganz in der von Goethe in seinen Romanen befolgten Weise. Es werden in Mörikes Prosadichtungen in einer ganz an gewissen Stellen des „Wilhelm Meister" erinnernden Art Personen und Situationen in eine sich von selbst ergebende Beziehung zur Allgemeinheit gebracht. Im „Maler Nolten" werden wir gegen das Ende des Romans mit einem in die Erzählung eintretenden Präsidenten folgendermaßen bekannt gemacht[70]: „Es gibt Männer, deren ganze Erscheinung uns sogleich den angenehmen Eindruck vollkommener Sicherheit erweckt." – Wenn wir in der Mozart-Novelle lesen[71]: „Es war eines jener glänzenden Stücke, worin die reine Schönheit sich einmal, wie aus Laune, freiwillig in den Dienst der Eleganz begibt ..." sehen wir, wie der Blick auf eine größere Gesamtheit sich nicht nur auf Personen beschränkt. An einer andern Stelle derselben Novelle heißt es[72]: „Constanze ihrerseits, wie die Frauen immer, wo ihr Gefühl nun einmal lebhaft bestimmt und noch dazu vom Eifer eines höchst gerechten Wunsches eingenommen ist, durch spätere Bedenklichkeiten von da und dorther sich viel seltener als die Männer irre machen lassen, hielt fest an ihrem guten Glauben ..."

Im „Wilhelm Meister" heißt es zu Beginn des zweiten Buches von dem Helden[73]: „Jeder, der mit lebhaften Kräften eine Absicht zu erreichen strebt, kann – wir mögen seinen Zweck loben oder tadeln – sich unsere Teilnahme versprechen; sobald aber die Sache entschieden

70 Maler Nolten, S. 583 ff.

71 Mozart auf der Reise nach Prag. S. 41.

72 a. a. O., S. 19.

73 Wilhelm Meister, Buch II.

ist, wenden wir unser Auge sogleich von ihm weg; alles, was geendigt, was abgetan daliegt, kann unsere Aufmerksamkeit keineswegs fesseln, besonders wenn wir schon frühe der Unternehmung einen üblen Ausgang prophezeit haben. Deswegen sollen unsere Leser ..." Als Nolten nach der Vorführung des Schattenspiels mit Larkens in so überraschende Ungelegenheiten kommt, bemerkt Mörike ganz im Allgemeinen[74]: „Wenn der Mensch von einem unerwarteten Streiche des ungerechtesten Geschickes betäubt stille steht und sich allein betrachtet, abgeschlossen von allen äußeren mitwirkenden Ursachen, wenn das verworrene Geschrei so vieler Stimmen immer leiser und matter im Ohre summt, so geschieht es wohl, dass plötzlich ein zuversichtliches, fröhliches Licht in unserem Innern aufsteigt ..."

Ganz wie bei Goethe leuchtet eine milde, große Ruhe des Autors aus diesen stilistischen Momenten hervor, die sich in einem weisen, souveränen Hinschauen auf die Menschen und ihr allgemeines Geschick kund gibt. Die Diktion ist überhaupt das Moment des „Maler Nolten", das auch in kleinen Äußerlichkeiten am klarsten die Züge Goethes trägt. Es gibt keinen Roman nach „Wilhelm Meister", der in der Wahl und in dem Sinn des Einzelsatzes so Goethisches Gepräge trägt wie der Mörikesche.

Besonders häufig springt Mörike, wie das aus dem Goethischen Romanstil bekannt ist, plötzlich in das historische Präsens über.[75] Mit großer Vorliebe werden Beiwörter wie „bedeutend, vorzüglich, heiter, anständig, gelassen, völlig" gebraucht, wie sie uns aus Goethes Prosa geläufig sind. Es wird von „besonders angenehmen Empfindungen" gespro-

---

74   Maler Nolten, S. 252ff.

75   Vgl. Maler Nolten, S. 70, 71, 107, 416, 436 etc.

chen oder man wird von einer „außerordentlichen" Aussicht überrascht.

Von dem, was, von der Diktion abgesehen, etwa an „Wilhelm Meister" erinnert, lässt sich im Allgemeinen Folgendes sagen: Für gewisse Partien der Handlung und für das Bild einzelner Situationen ist „Wilhelm Meister" in manchem wohl dem unbewusst Vorbild gewesen, die Gestalten selbst tragen dagegen ihr ganz eigenes Gepräge. Wenn Nolten aus seiner Jugend erzählt, so erinnert das in Inhalt und Stil an die ausführlichere Erzählung, in der Wilhelm Meister in den Eingangskapiteln des Goethischen Romans Marianne ein Bild seiner Kindheit entwirft. Bezeichnend ist, wie Goethe und Mörike an den hier infrage kommenden Stellen eigene Kindheitserinnerungen – in ähnlicher Weise gestaltet – niederlegen. Denn wie Baechtold[76] erzählt, hat auch Mörike selbst als Knabe wie der junge Nolten in einem Bretterverschlag des Dachraumes bei Kerzenschein den vertrauten Gespielen Märchen erzählt, genauso wie Wilhelm Meisters Beschreibung des Puppenspiels die bekannten Kindheitseindrücke Goethes wiederspiegeln. Dass gerade unter dem Einfluss der Geliebten die Eindrücke der Kindheit wieder emporsteigen, ist hierbei ein Wilhelm Meister und Nolten gemeinsamer, dem Leben hübsch abgelauschter Zug. Der Anblick des neuen Glückes erweckt auch das vergangene zu neuem Leben, denn der Mensch ist in solchen Situationen, aus denen ihm eine viel verheißende Zukunft spricht, besonders geneigt, alles vom Schicksal Geraubte vergessend, sich nur des Glückes zu erinnern und das Leben als ein mildes, harmonisches Ganzes zu nehmen. Dass gerade der Vater den Neigungen

---

76   Vgl. seinen Aufsatz in der Allgemeinen Deutschen Biographie.

der Knaben hindernd in den Weg tritt, ist den Beschreibungen Noltens und Wilhelm Meisters gemein, doch von untergeordneter Bedeutung. Wie Wilhelm Meister von Marianne, so wendet sich Nolten von Agnes, weil er gleich dem Goethischen Helden in sich unzutreffende, aber für ihn überzeugende Beweise von der Untreue der Geliebten zu haben glaubt. Wie Wilhelm Meister suchte nun Nolten Vergessen der herben Enttäuschung in einer Lebenstätigkeit unruhigerer, aber reizvollerer Art in einer bisher fremden, Überraschungen versprechenden Sphäre. Wie der junge Meister kommt Nolten in die Kreise des Adels hinein, dessen Vertreter ganz nach der Auffassung Goethes als die berufenen Förderer junger Künstler erscheinen. Man mag dabei auch daran denken, wie G o e t h e bei K l o p - s t o c k dessen Aufnahme in höhere Kreise für die Entwicklung des Messias-Dichters ähnlich bewertet.[77]

Wie Wilhelm Meister fasst Nolten für eine gesellschaftlich über ihm Stehende Neigung und muss wie der Held des Goethischen Romans schließlich erfahren, dass er der einst heiß Gelieben bitter Unrecht getan. Auch an die „Wahlverwandtschaften" erinnert neben dem gleich zu besprechenden Moment des Fatalistischen manche Situation. Wie bei dem Geburtstagsfeste in den „Wahlverwandtschaften" wird im „Maler Nolten" zum Schluss die festliche Stimmung einer größeren Gesellschaft düster gestört[78]. Wie bei Ottilie und Eduard steigt die vorübergehende, aber in ihren Folgen verhängnisvolle Neigung der Agnes zu ihrem Vetter in Stunden gemeinsamer musikalischer Übung auf. Die Figur des Mittler aus den „Wahlverwandtschaften" finden wir bei M ö r i k e in der Gestalt des Larkens wieder; Larkens jedoch greift viel mehr in die Handlung ein und

---

77   Dichtung und Wahrheit, Buch II.

78   Maler Nolten, S. 467. Wahlverwandtschaften I.

wirkte überhaupt realistischer als Goethes Mittler. Larkens werden wir in seiner Art als Charakter, den Mittler des Goethischen Romans nur als Sonderling gelten lassen.

Der im „Maler Nolten" sich offenbarenden Neigung Mörikes, dem Auge des Lesers angenehme Bilder zu stellen, hatte auch Goethe gerade in seinen „Wahlverwandtschaften" gehuldigt. Man vergegenwärtige sich nur, wie in den „Wahlverwandtschaften" gerade oft das bildliche Element vorherrschend ist. Wenn Goethe zum Beispiel beschreibt, wie Charlotte, Ottilie, Eduard und der Hauptmann des Abends lesend um einen kleinen Tisch sitzen, glaubt man, eines jener Bilder zu sehen, in denen der Maler durch das Licht einer Lampe mit Glück den Schein der Wirklichkeit hebt und so den beleuchteten Gesichtern in wirksamem Gegensatz zu dem zurücktretenden Dunkel besonderes Leben gibt. Es ist für Goethes künstlerischen Takt bezeichnend, wie richtig er solchen sich als Bilder darstellenden Situationen das Moment der Ruhe gibt. Nachdem Ottilie sich auf jener unheilvollen Kahnfahrt von dem Tode des verunglückten Kindes überzeugt hat, schildert Goethe: „Ohne Bewegung liegt das Kind in ihren Armen, ohne Bewegung steht der Kahn auf der Wasserfläche, aber auch hier läßt ihr schönes Gemüte sie nicht hilflos. – Sie wendet sich nach oben."[79]

Aus ganz derselben künstlerischen Empfindung heraus, weiß Mörike das bildlich Wirkende zu schildern: „Nun aber", lesen wir[80] im „Maler Nolten", „hatte man ein wahres Friedensbild vor Augen. Der blinde Knabe nämlich saß, gedankenvoll in sich gebückt vor der offenen Tastatur, Agnes leicht eingeschlafen, auf dem Boden neben ihm, den Kopf an sein Knie

---

79 Wahlverwandtschaften II.

80 Maler Nolten, S. 620.

gelehnt, ein Notenblatt auf dem Schoße. Die Abendsonne brach durch die bestäubten Fensterscheiben und übergoss die ruhende Gruppe mit goldenem Lichte. Das große Kruzifix an der Wand sah mitleidsvoll auf sie herab." Und ein andermal[81]: „Das Mädchen ist bis unter die Türe des Saales vorgeschritten, hier bleibt sie stehen und lehnt sich in bequem-gefälliger Stellung mit dem Kopf an den Pfosten. So schaut sie aufmerksam zu ihm hinüber. Der rührende Umriß ihrer Figur, so wie die Blässe des Gesichtes wird noch reizender, süßer durch die Dämmerung des grünen Zimmers bei den gegen die schwüle Morgensonne verschlossenen Fensterladen."

Wir werden nicht anstehen, Mörike schon allein nach diesen beiden Proben in der Wiedergabe des Malerischen mit Goethe auf eine Stufe zu stellen. Es ist genügend bekannt, welch feines Verständnis Goethe der Malerei entgegenbrachte. Wüsste man dies nicht aus seinem Leben, man würde es aus seinen Werken erkennen. Die künstlerisch so richtig empfindende, fast rührend anmutende Liebe, die Moritz von Schwind für die Mörikesche Kunst zeigte, wird zum guten Teil durch die malerischen Elemente in Mörikes Werken bei Schwind erweckt worden sein. Die Mörike und Goethe gemeinsamen, schon besprochenen allgemeinen Stilmomente bringen bei beiden Dichtern auf dem Gebiet des Malerischen ganz ähnliche Wirkung hervor. Denn gerade im Malerischen kommt die ihnen eigentümliche Neigung zum Harmonischen zu besonderer Wirkung. Noch mehr ist das freilich, wie wir später sehen werden, in beider Dichter Lyrik der Fall. Betrachten wir aber daraufhin noch einmal das zuletzt wiedergegebene Bild Mörikes, so werden wir uns bewusst werden, wie im Harmonischen sein eigentlicher Reiz liegt.

---

81   Maler Nolten, S. 590.

Hier tritt uns die von Goethe und Mörike immer erstrebte idealisierte Wirklichkeit in plastischer Gestalt entgegen. Denn das Harmonische tritt nicht von außen an das Bild heran, es übergießt dasselbe nicht – wie das meistens geschieht – mit seinem ihm eigenen, milden Lichte, sondern es tritt, indem die schon im Dämmerlicht schwebende Seele des Mädchens der Leben spendende Mittelpunkt der äußeren Dämmerstimmung ist, selbst leuchtend heraus. So hat hier die Harmonie nichts Erborgtes und Hineingetragenes und sie erscheint gerade in ihrer so kurzen Dauer besonders wahr, da es tatsächlich Momente gibt, in denen der Stimmungsgehalt des äußeren Milieus sich unserer Seelenstimmung förmlich anzuschmiegen scheint.

An die „Wahlverwandtschaften" werden wir im „Maler Nolten" natürlich vor allem überall da erinnert, wo die fatalistischen Momente in den Vordergrund treten. In dem Mörikeschen Roman wie in den „Wahlverwandtschaften" nimmt das über die Menschen waltende Schicksal besonders deutlich Gestalt an. Die Entschlüsse und Handlungen scheinen auf den ersten Blick weniger das Resultat ihres Willens, als das Produkt eines treibenden Verhängnisses zu sein. Dies Betonen des von vornherein gegebenen, festen Schiksalskerns im Leben des Menschen ist künstlerisch nicht ungefährlich. Denn es ist klar, dass hierdurch der Mensch des größten Teiles seiner Verantwortlichkeit, das heißt – ins Künstlerische übersetzt – der tragischen Schuld entkleidet wird, die für den Helden des ernsten Epos doch ebenso unentbehrlich ist wie für den des Dramas. Wenn trotzdem die als Opfer eines vorbestimmten Geschickes erscheinenden Figuren in unserer Rückerinnerung sich durchaus als tragische Gestalten darstellen, so muss dem fatalistischen wie persönlichen Element etwas anhaften, das die zwingende Gewalt des Fatums in ihrem Verhältnis zu den Entschließungen der unter ihr stehenden Menschen paralysiert. Wie dies in den „Wahlverwandten" geschieht, hat Hermann Grimm[82] deutlich beleuchtet, wenn er sagt: „Aber in etwas anderem noch sehen wir Goethes neue Weltanschauung bei diesem Romane durchbrechen. Er sucht die Notwendigkeit des sich Ereignenden dadurch zu erklären, dass er jeder Figur gleichsam einen doppelten Wert verleiht. Er lässt jeden Mitspieler einmal als naturhistorisches, willenloses Stück Schöpfung agieren wie einen Würfel, von höheren dämonischen Mächten auf den Tisch geworfen, der selber nicht mitzuentscheiden hat, wieviel Augen fallen; und auf der anderen Seite lässt er dieselbe Gestalt als freien, verantwortlichen Menschen handeln, der jeden Gedanken seiner Seele zu verantworten hat. Dadurch entsteht im Leser derselbe wunderbare Zwiespalt, mit dem man aus der Ferne geschichtliche Ereignisse zu beurteilen pflegt, deren Unabwendbarkeit man erkennt und bei denen man trotzdem niemandem die Last eigener Verantwortlichkeit abnehmen kann.

Ganz so stellt sich bei Mörike die Sache dar. Auch er ist von einer rein fatalistischen, den Menschen zum willenlosen Werkzeug herabdrückenden Anschauung im Grunde so weit entfernt wie Goethe. Den vielen Missverständnissen, zu denen Goethe durch sein aus der Chemie herangezogenes Beispiel im vierten Kapitel der „Wahlverwandtschaften" Anlass gegeben hat[83], begegnet Mörike ausdrücklich, wenn er in seinem Roman bemerkt[84]: „Dennoch

---

82 Hermann Grimm, Goethe. Berlin 1880. S. 434.

83 Wahlverwandtschaften I.

84 Maler Nolten, S. 273.

werden Sie bei diesen Verhältnissen nichts Unbegreifliches, Grobfatalistisches, vielmehr nur die natürliche Entfaltung des Notwendigen entdecken." In einem überaus treffenden Bild fasst Mörike seine Anschauung von der Wechselwirkung zwischen Schicksalszwang und menschlicher Willensbetätigung zusammen[85]: „D er Mensch rollt seinen Wagen, wohin es ihm beliebt, aber unter den Rädern dreht sich unmerklich die Kugel, die er befährt." Der Mensch bleibt also für sein Handeln verantwortlich und der Schuld ausgesetzt, denn er kann von sich aus den Wagen lenken und es ist seine Pflicht, soweit es in seinen Kräften steht, auf die Straße zu achten. Ein diesem Mörikeschen Gleichnis überraschend ähnliches Bild lässt Goethe seinen Egmont anwenden, wenn dieser dem für ihn fürchtenden Sekretär erwidert[86]: „Kind! Kind! nicht weiter! Wie von unsichtbaren Geistern gepeitscht, gehen die Sonnenpferde der Zeit mit unsers Schicksals leichtem Wagen durch; und uns bleibt nichts, als mutig gefaßt, die Zügel festzuhalten, und bald links vom Steine hier, vom Sturze da, die Räder wegzulenken. Wohin es geht, wer weiß es? Erinnert er sich doch kaum, woher er kam."

In seinem überaus großen Bilderreichtum erinnert Mörike auch sonst vielfach an Goethe; auch ihn könnte man, wie das Goethe von sich gesagt, einen „ewigen Gleichnismacher" nennen. An Plastik und Prägnanz stehen Mörikes Gleichnisse denen Goethes keineswegs nach. Landschaftliche Stimmungen erscheinen, wie das bei der großen inneren Verwandtschaft der beiden Dichter nur natürlich ist, in der Farbengebung oft ganz gleich abgetönt. Im „Maler Nolten" beschreibt Mörike[87], wie „sich

---

85   a. a. O., S. 332.

86   Egmont, Zweiter Aufzug, zweite Szene.

87   Maler Nolten, S. 444.

ahnungsvolle Beleuchtung mit vorrückendem Abend immer verändert." In „Hermann und Dorothea" lesen wir[88]:

> „Also gingen die Zwei entgegen der sinkenden Sonne,
> Die in Wolken sich tief, gewitterdrohend, verhüllte
> Aus dem Schleier bald hier, bald dort, mit glühenden Blicken
> Strahlend über das Feld die ahnungsvolle Beleuchtung."

Die wechselnde Abendstimmung wird hier von Goethe und Mörike fast mit denselben Worten wiedergegeben. –

Bei beiden Dichtern begegnen wir einer oft ganz ähnliche Formen annehmenden Neigung, ihre Stimmung mit der sie umgebenden Natur in Einklang zu bringen. Wenn Mörike sagt[89]: „Und die Gemütsstimmung Noltens nahm diese stillen Eindrücke (die Landschaft ist gemeint) heute ganz besonders willig auf", wird das Gemüt zu der in der Natur sich darbietenden Umgebung in ähnliche Wechselwirkung gebracht, wie es Goethe tut, wenn er etwa in „Dichtung und Wahrheit"[90] bemerkt: „Die Ausbreitung des Flusses ladet auch das Gemüt ein, sich auszubreiten und nach der Ferne zu sehen."

In den zarteren Stimmungspartien des „Maler Nolten", soweit er in der Umgebung des Försterhauses zu Neuburg spielt, werden wir auch an die Sesenheimer Idylle, wie schon bemerkt, erinnert. So oft die krankhaften Schatten

---

88   Hermann und Dorothea, Melpomente 1–4.

89   Maler Nolten, S. 108.

90   Dichtung und Wahrheit, III. Teil, 14. Buch.

von Agnes weichen, erinnert sie mit ihrem zu ihrer ländlichen Umgebung in harmonischem Einklang stehenden Wesen an Friederike Brion. Der zu Agnes reitende Nolten und Goethes bekannter Ritt zu Friederike sind Bilder von auffallender Ähnlichkeit. –

Vor allem aber sind es die angeführten vielfachen Momente des feineren Empfindens, die uns im „Maler Nolten" und den anderen Prosaschriften Mörikes seine innere Verwandtschaft mit Goethe dartun.

V.

Überschauen wir Mörikes Lyrik, so wird ein mit dem
Wesen der Goethischen Lyrik vertrauter Leser ohne
Weiteres zugeben, dass hier die Verwandtschaft Mörikes
mit Goethe zwar äußerlich weniger greifbar als etwa in
„Maler Nolten", aber innerlich vielleicht noch enger ist.
Mörike ist der einzige deutsche Lyriker, der
einen Vergleich mit Goethe wirklich bestehen
kann. Das Erscheinen seiner Gedichte war ein literari-
sches Ereignis allerersten Ranges, ist aber damals nur weniger als solches erschienen. Was innerliche Reinheit
und künstlerische Wahrhaftigkeit, die Haupt-
erfordernisse vollkommener Lyrik, anbetrifft,
kann seinen Gedichten keine nach Goethe
erschienene deutsche Liedersammlung an die
Seite gestellt werden. Hätte Goethe sie erlebt, sein
Leben wäre um ein schönes Ereignis reicher gewesen.

Goethe sagt einmal[91]: „Es gibt nur zwei wahre
Religionen, die eine, die das Heilige, das in und
um uns wohnt, ganz formlos, die andere, die es
in der schönsten Form anerkennt und anbetet.
Alles, was dazwischen liegt, ist Götzendienst."

Eine und derselben der beiden Religionen gehören Goethe und Mörike an; sie sind in ihrer Eigenschaft als Lyriker
vielleicht die größten Priester, die diese Religion in unserer Dichtung hervorgebracht hat. Die Anerkennung und
Anbetung des Heiligen, was in und um uns wohnt, in der

---

91   Maximen und Reflexionen.

schönsten Form, ist ihr Gottesdienst und der Inhalt ihrer Gedichte. Vermeidung alles Phrasenhaften und Abstreifung alles Konventionellen sind die Vorbedingungen ihres lyrischen Gestaltens. So fehlt ihnen alle Sentimentalität und alles überschwängliche Pathos. Die Erde ist ihnen, wie es Dichtern sein muss, das eigentliche Paradies. – So erscheint ihnen das Leben, wie es sich auch gestalten mag, stets in harmonischer Beleuchtung. Freude und Schmerz stehen sich bei ihnen nicht wie zwei Gegensätze, sondern wie Schwestern gegenüber.

So kommen beide Dichter auch in ihrer Lyrik zu der Sphäre zwischen Leid und Schmerz gemischter Empfindungen, denen wir schon bei Mörikes Äußerungen öfters begegnet sind. – „Halb ist es Luft, halb ist es Klage", sagt Mörike „Im Frühling" von seiner Sehnsuchtsstimmung. Den musizierenden Wilhelm Hartlaub sieht er „Im Schatten halb und halb im Licht". „Es wühlet mein verstörter Sinn noch zwischen Zweifeln her und hin", singt der Dichter „In der Frühe". Wenn Mörike sein Gedicht „Auf der Reise" (1828) mit den Versen beginnt:

„*Zwischen süßem Schmerz,*
Zwischen dumpfem Wohlbehagen
Sitz ich nächtlich in dem Reisewagen,
Lasse mich so weit von Dir, mein Herz,
Weit und immer weiter tragen",

gibt sich der Dichter in nächtlicher Einsamkeit derselben Sphäre gemischter Empfindungen hin wie Goethe, wenn dieser in seinem schon öfters angeführten Gedicht „An den Mond" sagt:

„*Jeden Nachtklang erfüllt mein Herz*

Froh und trüber Zeit
Wandle zwischen *Freud und Schmerz*
In der Einsamkeit."

Wenn G o e t h e Egmonts Klärchen singen lässt:

„Freudvoll
Und leidvoll
Gedankenvoll sein;
Hangen und bangen
In schwebender Pein;
Himmelhoch jauchzend,
Zum Tode betrübt;
Glücklich allein
Ist die Seele, die liebt."

sehen wir neben der wiederum zwischen Freud und Leid
schwebenden Stimmung, wie der Dichter auch die Pein,
die in ihrem dämmernden Stimmungsgehalt für den Dichter sehr charakteristischerweise etwas Schwebendes hat,
offenbar als Glückswert[92] zu schätzen weiß.

Wenn Faust von sich sagt:

„Ich fühle Mut, mich in die Welt zu wagen,
Der Erde Leid, der Erde Glück zu tragen",

so bekommen dadurch, dass das Glück wie das Weh getragen werden muss, beide Elemente einen ganz ähnlichen
Wert. Beide sind dem Dichter Geschenke des Schicksals
und unverdiente Geschenke müssen getragen werden.

---

92 Er geht aber bezeichnenderweise nie so weit wie N o v a l i s , der in seiner einseitigen Überschätzung des Schmerzes oft in Bahnen kommt, die
weit vom Harmonischen liegen und den Dichter nicht selten nahe an das
Pathologische führen.

In ganz ähnlicher Weise weiß Mörike Wonne und Leid in eine harmonische, zueinander oft gleichwertige Verbindung zu bringen. Freud und Leid sind ihm ebenso wie Goethe ein gleich lieber Besitz, wenn er in seinem Gedichte „Verborgenheit" (1832) singt:

> „Lass, o Welt, o lass mich sein!
> Locket nicht mit Liebesgaben,
> Lass dies Herz alleine haben
> Seine Wonne, seine Pein!
>
> Was ich traure weiß ich nicht,
> Es ist unbekanntes Wehe;
> Immerdar durch Tränen sehe
> Ich der Sonne liebes Licht.
>
> Oft bin ich mir kaum bewusst,
> Und die helle Freude zücket
> Durch die Schwere, so mich drücket
> Wonniglich in meiner Brust."

Wenn Goethe Faust zu Mephistopheles sagen lässt:

> „Das drüben kann mich wenig kümmern,
> Schlägst du erst diese Welt zu Trümmern,
> Die andere mag danach entstehen.
> Aus dieser Erde quillen meine Freuden,
> Und diese Sonne scheinet meinen Leiden,
> Kann ich mich erst von ihnen scheiden,
> Dann mag, was will und kann, geschehen",

so erscheint ihm wie eben Mörike selbst das Leid im Sonnenlicht.[93] Das nimmt der Lyrik der bei-

---

93 Man vergleiche auch Goethes Gedicht (Nr. 10 aus „Erwin und Elmire"):

den Dichter eben alles Sentimentale und ist ein Hauptbestandteil der harmonischen Gesamtfärbung ihrer Gedichte. Das Wort, das der Oberst im „Maler Nolten" auf Jung Volker anwendet[94]: „Sein Inneres bespiegelte die Welt wie die Sonne einen Becher goldenen Weines", gilt gleichermaßen für die Welt, wie sie sich uns in G o e t h e s und M ö r i k e s Lyrik darstellt.

Die soeben angeführte Stelle im „Faust" ist auch sonst ihrem Inhalte nach charakteristisch. Man könnte sie als Motto über Goethes und Mörikes grübelnden Spekulation im Allgemeinen abgeneigten Lyrik setzen, denn sie enthält neben der poetisch richtigen Bewertung des Leidens auch die anderen Bestandteile der in dieser Form vielleicht nur diesen beiden Dichtern eigenen Harmonie. Denn außer der schon behandelten ruhigen Verehrung des Unerforschlichen, die auch hinter der Lyrik G o e t h e s und M ö r i k e s steht, leuchtet aus ihr die innige Liebe zur Wirklichkeit in warmen Farben hervor und sie entbehrt inhaltlich auch nicht jene für echte Lyrik so unerlässliche Seite des F e m i - n i n e n , d a s d e m G a n z e n e r s t d i e w e i c h e n L i n i e n gibt, die die Kunst überall da hat, wo sie auf reinster Höhe steht: Das Letztere ist für die künstlerische Wirkung G o e t h i s c h e r und M ö r i k e s c h e r Gedichte zu wichtig, als dass es hier übergangen werden dürfte. In M ö r i k e s Gedichten finden wir Folgendes:

Was sind all die Seligkeiten

Jener flachen Jugendzeiten

Gegen diesen Augenblick.

Da mein Herz sein volles Glück

A u s   d e r   h o l d e n   S c h w e r m u t   t r i n k t ,

Da ich himmelwärts mich sehne

Und in bittersüßer Träne

Eine Welt im Auge blinkt.

94   Maler Nolten, S. 448.

„DER JUNGE DICHTER. (1823)

Wenn der Schönheit sonst, der Anmut
Immer flüchtige Erscheinung
Wie ein heller Glanz der Sonne,
Mir zu staunendem Entzücken
Wieder vor die Sinne trat;
Wenn Natur mir oft und alles
Erdenlebens liebe Fülle
Fast zu schwer am Busen wurde,
Dass nur kaum ein trunknes Jauchzen
Noch der Ausdruck lautern Dankes
Für solch süßes Dasein war:
O, wie drang es da mich armen
Mich unmünd'gen Sohn Apollens,
Dieses alles, schön gestaltet
Unter goldnen Leierklängen,
Fest, auf ewig festzuhalten!

Doch wenn mir das tief Empfundne
Nicht alsbald so rein und völlig,
Wie es in der Seele lebte,
In des Dichters zweite Seele,
Den Gesang, hinüberspielte,
Wenn ich nur mit stumpfem Finger
Ungelenk die Seiten rührte –
Ach, wie oft wollt' ich verzweifeln,
Dass ich stets ein Schüler bleibe!
Aber Liebchen, sieh, bei dir
Bin ich plötzlich wie verwandelt:
Im erwärmten Winterstübchen,
Bei dem Schimmer dieser Lampe,

Wo ich deinen Worten lausche,
Hold bescheidnen Liebesworten!
Wie du dann geruhig deine
Braunen Lockenhaare schlichtest,
Also legt sich mir geglättet
All dies wirre Bilderwesen,
All des Herzens eitle Sorge,
Vielzerteiltes Tun und Denken.
Froh begeistert, leicht gefiedert,
Flieg' ich aus der Dichtung engen
Rosenbanden, dass ich nur
Noch in ihrem reinen Dufte,
Als im Elemente lebe."

Goethe lässt Tasso von sich sagen[95]:

„Was auch in meinem Liede wiederklingt,
Ich bin nur Einer, Einer alles schuldig!
Es schwebt kein geistig unbestimmtes Bild
Vor meiner Stirne, das der Seele bald
Sich überglänzend nahte, bald entzöge."

Diese beiden Stellen lassen uns einen lehrreichen Blick
in die Konzeption Goethes und Mörikes tun. Wir
nehmen deutlich eine künstlerische Befruchtung durch
das Weib wahr. Diese Befruchtung hat mehr oder minder natürlich bei allen Dichtern stattgefunden; aber bei
Goethe und Mörike ist dieselbe, wenn wir die
Weichheit ihrer Lyrik ihrem künstlerischen
Werte nach einschätzen, besonders intensiv
gewesen. Der Lyriker Mörike gehört mit Goe-

---

95   Tasso, II. Aufzug, erster Auftritt.

the in die Reihe jener Künstler, bei denen die
feminine Seite des spezifisch Künstlerischen
eine besonders reinigende Kraft annimmt und
ihre Produkte aus jener Sphäre rückt, wo die
Kunst sich dem Wissenschaftlichen oder Philosophischen verdächtig nähert.

Das Weib füllt in der Welt der Kunst die Stelle aus, die
der Mann in der Natur als Erzeuger einnimmt; der Mann
hat in der Kunst die Aufgabe zu erfüllen, der das Weib
in der Natur gerecht wird. Dem Künstler liegt es ob, das
Kunstwerk hervorzubringen; aber er hat noch nichts wirklich Großes hervorgebracht, wo die Befruchtung durch das
Weib auf direktem oder indirektem Wege fehlte. Man kann
daher bei dem Künstler, wie in der Natur bei dem Weibe,
von einer Empfängnis sprechen. Es zeigt das unendlich
Große alles wirklich Künstlerischen, dass in der Kunst wie
in der Natur bei der Entstehung des Individuums das weib-
liche und männliche Element zusammenwirken muss, um
etwas Lebensfähiges hervorzubringen.

Wegen der mehr befruchtenden Rolle des Weibes
haben wir auch in der Kunstgeschichte Künstlerinnen ersten Ranges nicht aufzuweisen. Das Kriterium hierfür liegt
in der Musik, der reinsten aller Künste, die von keiner
großen Komponistin zu erzählen weiß. Hätte
Schopenhauer aber die großartige Rolle,
die das Weib als befruchtendes Element im
Künstlerischen spielt, überdacht, sein herber
Aufsatz „Über die Weiber" hätte in manchem
anders gelautet.

Durch das In-Sich-Aufnehmen des Femininen kommen
in den inneren Stil jene weichen Linien, nach denen jeder
Künstler in Dichtung, bildender Kunst und Musik strebt. –
Der Mann als solcher hat von der Natur zu viel Brutales
mitbekommen; nur derjenige, dem es gelingt, dies Brutale

unter dem befruchtenden Einfluss des Weiblichen von sich abzustreifen, wird Künstler sein. Großen Künstlern wird das feinere, seinem Ursprung nach vom Weibe stammende Empfinden oft schon von der Natur durch erbliche Veranlagung vonseiten der Mutter – Goethe und Mörike[96] sind auch dafür ein Beispiel – mitgegeben. Bei vielen wegen anderer Qualitäten großen Künstlern ist die Befruchtung durch das Feminine nicht intensiv genug gewesen. Diesen – man denke an Schiller – fehlt daher in ihren Produkten vielfach der Schmelz, der sie zu Künstlern allerersten Ranges machen würde. –

Bei dem Lyriker Mörike und bei Goethe hat dagegen eine solche fast restlos aufgehende Vereinigung des Femininen und Künstlerischen stattgefunden, dass sie in dieser Hinsicht mit Beethoven und Raphael verglichen werden dürfen.

Die aus dem bisher Ausgeführten hervorgehende innige Seelenverwandtschaft Mörikes mit Goethe wird naturgemäß gerade in der Lyrik der beiden Dichter oft zu Produkten führen, die äußerlich und innerlich eine überraschende Ähnlichkeit haben.

Vergleicht man zwei Gedichte wie Mörikes schon einmal angeführter:

„Septembermorgen. (1827)

Im Nebel ruhet noch die Welt,
Noch träumen Wald und Wiesen,
Bald siehst du, wenn der Schleier fällt,
Den blauen Himmel unverstellt,

---

96 Baechtold glaubt (A. D. B.), Mörikes dichterische Veranlagung ähnlich wie bei Goethe als ein Erbteil der Mutter ansehen zu dürfen.

Herbstkräftig die gedämpfte Welt
In warmem Golde fließen."

Und Goethes in Dornburg verfasstes Gedicht (ohne Titel 1828):

„Früh wenn Tal, Gebirg und Garten
Nebelschleiern sich enthüllen.
Und dem sehnlichsten Erwarten
Blumenkelche bunt sich füllen;

Wenn der Äther, Wolken tragend,
Mit dem klaren Tage streitet,
Und ein Ostwind, sie verjagend,
Blaue Sonnenbahn bereitet;

Dankst du dann, am Blick dich weidend,
Reiner Brust der Großen, Holden,
Wird die Sonne, rötlich scheidend
Rings den Horizont vergolden,

so gestaltet sich in beiden Gedichten die Mörike und Goethe eigene Art, Landschaftliches mit sinnlicher Freude, aber durchaus phrasenlos wiederzugeben, zu einem völlig gleichen Bild. Einem mit den Werken Mörikes und der aus ihnen hervorgehenden Seelenverwandtschaft mit Goethe nicht Vertrauten, könnte man es nicht verargen, wenn er bei einem Vergleich dieser beiden Gedichte etwa zu dem Glauben käme, dass Mörike hier ein Goethisches Gedicht recht unselbständig nachempfunden habe. Auch so wäre diese Annahme bei dem intimen Umgang, den Mörike mit seinem Goethe pflog, nicht ohne Weiteres von der Hand zu weisen. Ein Blick aber aus die Entstehungszeit der beiden Gedichte – das Mörikesche ist um ein Jahr früher entstanden – belehrt uns, wie verwandte Dichter ohne gegenseitige Beeinflussung eine ähnliche Naturstimmung mit fast völlig gleichen Farben wiedergeben können. In beiden Gedichten – das Goethische ist vom September 1828 datiert – handelt es sich um einen Septembermorgen. – Das letzte Ruhen des herbstlichen Morgennebels auf der Landschaft stellt bei beiden die Eingangsstimmung des Gedichtes dar. Die sich unter den Morgenstrahlen enthüllende Natur ist in beiden Gedichten der Mittelpunkt, die enthüllte der End- und Höhepunkt der Schilderung. Der Letztere bei beiden mit einer Freude an der Sonne begrüßt, die für Mörikes und Goethes Liebe zum Wirklichen und dem sinnlich klar Heraustretenden warmes Zeugnis ablegt und sie hierfür fast dieselben Worte finden lässt.

Die sich der Morgensonne erschließende Landschaft ist auch sonst bei Goethe und Mörike ein Lieblingsmotiv ihrer Schilderungen. In den von beiden Dichtern an die Spitze ihrer Liedersammlung gesetzten, auch sonst einander sehr nahe verwandten Gedichten, der Goethischen „Zuneigung" und dem Mörikeschen „An einem Wintermorgen vor Sonnenaufgang" ist eine ganz ähnliche Stimmung der landschaftliche Hintergrund der Situation:

> *„Auf einmal schien die Sonne durchzudringen*
> *Im Nebel ließ sich eine Klarheit sehen.*
> *Hier sank er leise, sich hinabzuschwingen;*
> *Hier teilt' er steigend sich um Wald und Höhn.*
>
> *Wie hofft ich, ihr den ersten Gruß zu bringen!*
> *Sie hofft' ich nach der Trübe doppelt schön.*
> *Der luftige Kampf war lange nicht vollendet,*
> *Ein Glanz umgab mich, und ich stand geblendet."*

So heißt es bei Goethe. Und Mörike dichtet:

> *„Dort, sieh', am Horizont lüpft sich der Vorhang schon,*
> *Es träumt der Tag, nun sei die Nacht entflohn;*
> *Die Purpurlippe, die geschlossen lag,*
> *Haucht, halbgeöffnet, süße Atemzüge:*
> *Auf einmal blitzt das Aug' und wie ein Gott der Tag*
> *Beginnt im Sprung die königlichen Flüge!"*

Auf die innere Ähnlichkeit, die dieser Mörikesche „Wintermorgen, vor Sonnenaufgang" mit gewissen Partien des Faustmonologs, besonders von dem Verse „Ich höre bald der Hirtenflöten Klänge" bis zu dem „Es ist ein Augenblick, und alles wird verwehn!" hat, sei auch bei dieser Gelegenheit hingewiesen.

In Werthers Leiden lesen wir[97]: „Wenn zu meinem Fenster hinaus an den fernen Hügel sehe, wie die Morgensonne über ihn her den Nebel durchbricht, und den stillen Wiesengrund bescheint ..." Und von einer Idylle Tischbeins sagt Goethe[98]: „Wir mochten bei ihr gern der Morgenstunde gedenken; denn auf diese scheint sie uns zu deuten, wo sich leichte Nebel von feuchter Stelle augenblicklich hervorhoben, um als Tau die benachbarten Hügelflächen sonnenscheu zu erquicken und zu verschwinden." Und Mörike in seinem an Goethe gerichteten Sonett „Antike Poesie" (1828):

> *„Ich sah den Helikon im Wolkendunst,*
> *Nur kaum berührt vom ersten Sonnenstrahle:*
> *Schau! Jetzt stehen hoch mit einem Male*
> *Die Gipfel dort in Morgenrötebrunst."*

---

97   Die Leiden des jungen Werthers, II. Buch.
98   Wilhelm Tischbeins Idyllen XIII, Goethes Werke.

Es ist nur natürlich, wenn wir in Mörikes Gedichten auch solche finden, die sich vielleicht etwas zu äußerlich an Goethe anlehnen. So finden wir unter seinen in die eigentliche Liedersammlung nicht aufgenommenen Gedichten eines, das „Die Unschuld" betitelt ist und folgendermaßen beginnt[99]:

> *„Treibet Winde!*
> *Eilet, eilet,*
> *Nach der Heimat, nach der lieben*
> *Will ich fliehn*
> *Lichte Wolken, tragt mich hin!*
> *An dem frommen Eiland drüben*
> *Ach, da ruhet ihr und weilet!"*

Das „Nach der Heimat, nach der lieben, will ich fliehen" gibt in dem äußerlichen Moment der Wortwahl doch allzu deutlich hier die uns von Goethe vertraute Mignon-Stimmung wieder. – Im Ganzen sind jedoch solch direkte Anklänge an Goethe trotz Mörikes innerer Zugehörigkeit zu demselben nur wenig vorhanden. Wichtiger ist, dass ein Gedicht wie Mörikes „Rat einer Alten" (1833) uns, wie Harry Maync in seiner Biographie sehr richtig bemerkt, ganz Goethisch anmutet, obwohl sich in dessen Gedichten keine Parallele dazu finden lässt. Überhaupt lässt sich die Verwandtschaft des Lyrikers Mörike kaum in bessere Worte fassen, als es Maync in seiner kürzlich erschienenen Mörike-Biographie getan. Seine Auffassung möge deshalb auch hier Platz finden. Er schreibt[100]: „Durch einfache Parallelstellen kann man die zarten Beziehungen zu Goethe nicht einfangen und auf Formeln bringen. Denn

---

99   Abgedruckt bei Karl Fischer, E. Mörikes Leben und Werke, S. 35.

100   Harry Maync, Eduard Mörike. Stuttgart 1901. S. 243.

Mörike übernimmt nicht etwa bewußtermaßen Goethes Stil, geschweige denn Stoffe und Motive, sondern ein voller Hauch tief-innerster Seelenverwandtschaft ergießt sich von seinen Lieblingen, mit denen er lange dichterisch verkehrt hat, über ihn selbst. Er übernimmt, um ein Heyesches Bild zu brauchen, nur die Tonart, um in sie seine eigene Melodie zu ergießen." Dies werden wir nach dem bisher Ausgeführten Wort für Wort unterschreiben.

Goethe sagt einmal in „Dichtung und Wahrheit"[101]: „Die wahre Poesie kündet sich dadurch an, daß sie als ein weltliches Evangelium durch innere Heiterkeit, durch äußeres Behagen, uns von den irdischen Lasten zu befreien weiß, die auf uns drücken." Wollen wir diesen Ausspruch Goethes gelten lassen, so werden wir, Mörikes Schaffen nochmal überschauend, zugeben, dass das von ihm Erstrebte immer gerade das gewesen, was Goethe unter der „wahren Poesie" versteht. – In einem Briefe Lohbauers heißt es: „Mörike ist, als wäre er ein Sohn Goethes, geistig, aus geheimnisvoller wilder Ehe." Es gibt keinen Dichter außer Mörike, von dem man mit so viel Recht dies sagen könnte.

---

101 Dichtung und Wahrheit, III. Teil, 13. Buch.